JOSEPH CARDINAL RATZINGER

WENDEZEIT FÜR EUROPA?

JOSEPH CARDINAL RATZINGER

WENDEZEIT FÜR EUROPA?

Diagnosen und Prognosen
zur Lage von Kirche und Welt

JOHANNES VERLAG

Bild auf der Umschlagseite
Peter Wullimann: Dauer und Wandel
Holzrelief 1973.

Druck: Kösel, Kempten
ISBN 3 89411 302 2

Inhaltsverzeichnis

Zweiter Teil

Diagnosen und Prognosen

VORWORT

Im Rückblick auf die Geschichte unseres Jahrhunderts kann man sehr leicht drei große Einschnitte erkennen, die zunächst und unmittelbar das Lebensgefüge Europas betreffen, aber alle drei die Weltgeschichte im ganzen geprägt haben und prägen. Da ist zunächst die Veränderung der äußeren und inneren Landkarte Europas zu nennen, die Folge des ersten Weltkriegs war: Er brachte mit sich den Sturz der Monarchien in Mitteleuropa, das Ende des zaristischen Rußland und die Umgestaltung ganz Europas nach dem nationalstaatlichen Prinzip, das sich freilich bei näherem Zusehen als äußerlich undurchführbar und von innen her ungenügend erwies, um Fundament einer neuen Friedensordnung zu werden. Dem zweiten Weltkrieg folgte die Teilung Europas und der Welt in zwei einander entgegenstehende Machtblöcke: den marxistischen und den liberal-kapitalistischen. Am Ende des Jahrhunderts haben wir nun die innere Auflösung der marxistischen Ideologie und der von ihr geschaffenen Machtstruktur erlebt. Das Besondere dieses dritten Umbruchs ist es, daß er ohne Krieg und fast ohne Blutvergießen, einfach durch das innere Zerfallen eines Systems und seiner geistigen Grundlagen erfolgte, also durch Kräfte des Geistes und nicht durch militärische oder politische Gewalt. Darin liegt die Hoffnung wie die besondere Verantwortung dieses Geschehens begründet, dessen Herausforderung noch lange nicht bestanden ist.

Liberalismus und Marxismus hatten darin übereingestimmt, daß sie der Religion sowohl das Recht wie die Fähigkeit zur Gestaltung der öffentlichen Dinge und der gemeinsamen Zukunft der Menschheit absprachen. Im Gärungsprozeß der zweiten Jahrhunderthälfte ist Religion als eine nicht auszutilgende Kraft des individuellen wie des sozialen Lebens neu entdeckt worden; es wurde sichtbar, daß die Zukunft der Menschheit nicht an ihr vorbei geplant und gestaltet werden kann. Dieser Vorgang ist für den Glauben tröstlich, aber er wird auch seine immanenten Gefahren nicht verkennen, denn die Versuchung, Religion nun von den verschiedenen Seiten her als Instrument ihrer politischen Ideen zu vereinnahmen, ist offenkundig. In dieser Situation ist es für den Theologen wie für den Hirten der Kirche eine unausweichliche Pflicht, in den Disput um das rechte Verständnis der Gegenwart und den Weg in die Zukunft miteinzutreten, um dabei die eigene Sphäre des Glaubens zu verdeutlichen und zugleich der Mitverantwortung für die öffentlichen Dinge gerecht zu werden, die auf ihm in dieser Stunde liegt. In den letzten Jahren haben sich die Einladungen an mich gemehrt, zu Themen des Verhältnisses von Kirche und Welt zu sprechen, die meistens von den Einladenden formuliert waren und so Fragen ausdrückten, die jeweils an Ort und Stelle als besonders dringlich empfunden wurden. In diesem kleinen Buch habe ich die wichtigeren Arbeiten zusammengefaßt, die auf diese Weise entstanden sind. Nach dem großen Echo, das sie bei den Hörern an verschiedensten Orten gefunden haben, wage ich zu hoffen, daß sie sowohl dem Gläubigen wie dem Zweifelnden etwas zu sagen vermögen und eine Hilfe bei der Bewältigung der Herausforderungen unserer Geschichtsstunde sein können.

Rom, Ostern 1991

Joseph Cardinal Ratzinger

Erster Teil

Grundlagen und Grundfragen im Verhältnis von Kirche und moderner Welt

I. Abbruch und Aufbruch
Die Antwort des Glaubens auf die Krise der Werte

In der modernen Literatur, in bildender Kunst, Film und Theater herrscht überwiegend ein düsteres Bild vom Menschen. Das Große und Edle ist von vornherein verdächtig; es muß vom Sockel gerissen und durchschaut werden. Moral gilt als Heuchelei, Glück als Selbstbetrug. Wer einfach dem Schönen und Guten traut, ist entweder von sträflicher Ahnungslosigkeit oder verfolgt böse Absichten. Der Verdacht ist die eigentliche moralische Haltung, die Entlarvung ihr größter Erfolg. Gesellschaftskritik ist Pflicht; die Gefahren, die uns bedrohen, können gar nicht grell und grausam genug gezeichnet werden. Allerdings ist diese Lust am Negativen nicht unbegrenzt. Gleichzeitig gibt es eine Pflicht zum Optimismus, die nicht ungestraft verletzt wird. Wer etwa die Meinung äußern sollte, nicht alles in der geistigen Entwicklung der Neuzeit sei richtig gewesen, in einigen wesentlichen Bereichen sei eine Rückbesinnung auf die gemeinsame Weisheit der großen Kulturen erforderlich, hat offensichtlich die falsche Art von Kritik gewählt. Er findet sich plötzlich einer entschlossenen Apologie der neuzeitlichen Grundentscheide gegenüber; daß die Grundlinie der geschichtlichen Entwicklung Fortschritt sei und daß das Gute daher in der Zukunft liege, nirgends sonst, darf bei aller Lust an der Negation im Ernst nicht bestritten werden.

Die sonderbare Zwiespältigkeit der heutigen Gesellschaftskritik wird handgreiflich deutlich an der radikal gegensätzlichen Reaktion, mit der die herrschende Meinung auf die zwei Ereignisse reagiert hat, die im vergangenen Jahr als die stärksten moralischen Herausforderungen an unsere Gesellschaft empfunden wurden. Das eine war das Unglück von Tschernobyl. Wer für aufgeklärt gelten wollte, konnte die Gefährlichkeit des Geschehenen gar nicht drastisch genug darstellen. Er mußte eine ungeheuere Bedrohung über allem Lebendigen sehen, und nur der totale Abschied von der Atomenergie konnte die einzig genügende Antwort sein. Das andere Ereignis war das schnelle Vordringen der neuen Viruserkrankung Aids. Es besteht kein Zweifel, daß viel mehr Menschen an Aids erkranken und sterben werden, bzw. schon gestorben sind, als an den Folgen von Tschernobyl und daß die Gefährdung durch diese neue Geißel der Menschheit viel näher vor der Tür jedes einzelnen steht als diejenige durch Atomkraftwerke. Wer aber zu sagen wagt, die Menschheit solle sich von dem ordnungslosen sexuellen Libertinismus lösen, der Aids seine Durchschlagskraft gibt, wird von der öffentlichen Meinung als ein hoffnungsloser Obskurantist ins Abseits gestellt; ein solcher Gedanke kann von aufgeklärten Zeitgenossen nur bedauert und mit Schweigen übergangen werden. Aus alledem sieht man, daß es heute eine erlaubte und eine verbotene Gesellschaftskritik gibt; die erlaubte aber reicht nur bis an die Schwelle der Grundentscheide, die nicht in Frage gestellt werden dürfen.

1. Die moralischen Probleme unserer Zeit – Versuch einer Diagnose

Das gestellte Thema verlangt freilich eine Besinnung, die sich durch solche Verbote nicht einschüchtern läßt. Allerdings wäre es nun umgekehrt falsch, unsere Gesellschaft und ihre moralische Situation insgesamt nur grau in grau zu sehen. Wir dürfen uns nicht von dem oberflächlichen Pflichtoptimismus gewisser Strömungen beeindrucken lassen, aber ebensowenig dürfen wir uns der Versuchung ergeben, die positiven Elemente im Gefüge unserer Zeit zu übersehen. Natürlich kann es hier nicht darum gehen, eine erschöpfende Beschreibung der moralischen Physiognomie unserer Zeit zu geben. Unsere Besinnung zielt darauf, das Haltende und Heilende zu finden, jene Grundorientierung, mit der man die Gegenwart bestehen und so den Weg in die Zukunft öffnen kann. Nach charakteristischen Elementen *unserer* Zeit fragen wir, um zu erkennen, was den Zugang zum richtigen Weg hindert und was ihm dient. Wir handeln also in diesem ersten Teil unserer Analyse nicht von Defekten oder von Tugenden, die es immer gegeben hat und wohl auch immer geben wird, sondern von charakteristischen Zeichen dieser unserer Zeit. In negativer Hinsicht fallen hier zwei Elemente auf, die anderen Perioden so nicht zugehören: der Terrorismus und die Droge. Positiv macht sich ein starkes moralisches Bewußtsein geltend, das sich wesentlich auf Werte des sozialen Bereichs konzentriert: Freiheit für die Unterdrückten, Solidarität mit den Armen und Benachteiligten, Friede und Versöhnung.

a) Das Problem der Droge

Versuchen wir, diese Phänomene etwas mehr aus der Nähe zu betrachten. Ich erinnere mich eines Disputs, den ich zusammen mit einigen Freunden im Hause von Ernst Bloch geführt habe. Die Rede war zufällig auf das Problem der Droge gekommen, das sich damals - in den späten sechziger Jahren - eben erst zu stellen begann. Man fragte sich, wieso sich diese Versuchung jetzt plötzlich so ausbreiten könne und warum sie zum Beispiel im Mittelalter offensichtlich überhaupt nicht bestanden habe. Alle waren sich einig, daß die Antwort ungenügend sei, damals seien eben die Anbaugebiete zu weit entfernt gewesen. Phänomene wie das Auftreten der Droge sind nicht durch solche äußerlichen Bedingungen zu erklären; sie rühren aus tieferen Bedürfnissen oder Mängeln, an denen dann auch der Umgang mit den konkreten Problemen der Beschaffung hängt. So wagte ich die These, daß offenbar jene seelische Leere damals nicht bestanden habe, der man mit der Droge zu begegnen sucht; anders ausgedrückt: der Durst der Seele, des inneren Menschen, fand eine Antwort, die die Droge erübrigte. Ich erinnere mich noch der fassungslosen Empörung, mit der Frau Bloch auf diesen Lösungsvorschlag reagierte. Vom Geschichtsbild des dialektischen Materialismus her war ihr der

Gedanke geradezu ein Frevel, vergangene Zeiten könnten in nicht ganz unwesentlichen Dingen der unsrigen überlegen gewesen sein; im Mittelalter als einer Zeit der Unterdrückung und der religiösen Vorurteile konnten unmöglich die entrechteten Massen glücklicher und innerlich ausgeglichener leben als in unserer Zeit, die auf dem Weg der Befreiung schon einiges fortgeschritten ist: Die ganze Logik der „Befreiung" würde dabei zusammenstürzen. Wie aber ist dann der Vorgang zu erklären? Die Frage blieb an jenem Abend unbeantwortet.

Da ich das materialistische Weltbild nicht teile, halte ich meine These von damals noch immer für richtig. Aber sie muß natürlich konkretisiert werden. Dafür könnte sogar das Denken von Ernst Bloch einen hilfreichen Ansatz bieten. Für Bloch ist die Welt der Tatsachen eine schlechte Welt. Das Prinzip Hoffnung bedeutet, daß der Mensch energisch den Tatsachen widerspricht; er weiß sich verpflichtet, die schlechte Welt der Tatsachen zu überwinden, um eine bessere zu schaffen. Ich würde sagen: Die Droge ist eine Form des Protestes gegen die Tatsachen. Der sie einnimmt, weigert sich, sich mit der Welt der Tatsachen abzufinden. Er sucht eine bessere Welt. Die Droge resultiert aus der Verzweiflung an einer Welt, die als der Kerker der Tatsachen empfunden wird, in dem der Mensch es auf Dauer nicht aushalten kann. Natürlich kommt viel anderes dazu: die Sucht nach dem Abenteuer; der Konformismus mitzumachen, was andere tun; die Geschäftstüchtigkeit der Händler und dergleichen. Aber der Kern ist doch der Protest gegen eine als Gefängnis empfundene Wirklichkeit. Die „große Reise", die die Menschen in der Droge versuchen, ist die Pervertierungsform der Mystik, die Pervertierung des menschlichen Unendlichkeitsbedürfnisses, das Nein zur Unübersteiglichkeit der Immanenz und der Versuch, die Grenzen des eigenen Daseins ins Unendliche hinein zu entschränken. Das geduldige und demütige Abenteuer der Aszese, die sich in kleinen Schritten des Aufstiegs dem absteigenden Gott nähert, wird durch die magische Macht, den magischen Schlüssel der Droge ersetzt - der sittliche und religiöse Weg durch Technik. Die

Droge ist die Pseudomystik einer Welt, die nicht glaubt, aber den Drang der Seele nach dem Paradies dennoch nicht abschütteln kann. So ist die Droge ein Warnzeichen, das sehr tief führt: Sie deckt nicht nur ein Vakuum in unserer Gesellschaft auf, dem ihre Instrumente nicht abhelfen können; sie verweist auf einen inneren Anspruch des menschlichen Wesens, der sich in pervertierter Form zur Geltung bringt, wenn er die rechte Antwort nicht findet.

b) Terrorismus als moralisches Problem

Der Ausgangspunkt des Terrorismus ist demjenigen der Droge nahe verwandt: Auch hier steht am Anfang der Protest gegen die Welt, wie sie ist, und das Verlangen nach einer besseren Welt. Der Terrorismus ist von seiner Wurzel her ein Moralismus, allerdings ein fehlgeleiteter, der zur grausamen Parodie auf die wahren Ziele und Wege des Moralischen wird. Es ist kein Zufall, daß der Terrorismus seinen Anfang an den Universitäten genommen hat und hier wieder im Umkreis moderner Theologie, bei ursprünglich stark vom Religiösen herkommenden jungen Menschen. Der Terrorismus der ersten Stunde war ein ins Irdische umgeleiteter religiöser Enthusiasmus, eine in politischen Fanatismus transponierte messianische Erwartung. Der Glaube ans Jenseits war zerbrochen oder jedenfalls belanglos geworden, aber der Maßstab der jenseitigen Erwartung wurde nicht preisgegeben, sondern nun an die gegenwärtige Welt angelegt. Gott wurde nicht mehr als wirklich Handelnder angesehen, aber die Erfüllung seiner Verheißungen nach wie vor und erst recht verlangt. „Gott hat keine anderen Arme als die unsrigen" - das hieß nun, daß die Einlösung dieser Verheißungen von uns selbst besorgt werden kann und muß. Der Ekel an der geistigen und seelischen Leere unserer Gesellschaft, das Verlangen nach dem Ganz-Anderen, der Anspruch auf das unbedingte Heil ohne Schranken und ohne Grenzen - das ist sozusagen die religiöse Komponente im Phänomen des Terrorismus, die ihm die Schwungkraft einer aufs Ganze gerichteten

Leidenschaft, seine Kompromißlosigkeit und den Anspruch des Idealistischen gab. Dies alles wird so gefährlich aufgrund der entschiedenen Diesseitigkeit der messianischen Hoffnung: Vom Bedingten wird das Unbedingte, vom Endlichen das Unendliche verlangt. Dieser innere Widerspruch zeigt die eigentliche Tragik des Phänomens auf, in dem die große Berufung des Menschen zum Instrument der großen Lüge wird.

Das Unwahre an der Verheißung des Terrorismus wurde aber für den durchschnittlichen Teilnehmer überdeckt durch die Verbindung der religiösen Erwartung mit moderner Intellektualität. Die besteht zunächst darin, daß alle herkömmlichen moralischen Maßstäbe, vor das Tribunal der positivistischen Vernunft gezerrt, „hinterfragt" und als unbewiesen „durchschaut" werden. Die Moral liegt nicht im Sein, sondern in der Zukunft. Der Mensch muß sie selbst entwerfen. Der einzige moralische Wert, den es gibt, ist die zukünftige Gesellschaft, in der alles erfüllt sein wird, was es jetzt nicht gibt. Moral in der Gegenwart besteht daher darin, für diese künftige Gesellschaft zu arbeiten. Der neue moralische Maßstab lautet demgemäß: Moralisch ist, was der Herbeiführung der neuen Gesellschaft dient. Was ihr aber dient, kann mit den wissenschaftlichen Methoden der politischen Strategie, mit Psychologie und Soziologie ermittelt werden. Moral wird „wissenschaftlich": Sie hat nicht mehr ein „Phantom" - den Himmel -, sondern ein machbares Phänomen, die neue Zeit, zum Ziel. So sind das Moralische und das Religiöse realistisch und „wissenschaftlich" geworden. Was will man mehr? Kann es wunder nehmen, daß gerade idealistische junge Menschen sich durch diese Verheißungen herausgefordert fühlten?

Erst aus der Nähe gesehen wird der Teufelsfuß des Ganzen sichtbar, das Grinsen des Mephistopheles hörbar. „Moralisch ist, was Zunkuft schafft": Unter diesem Maßstab kann auch Mord „moralisch" sein; auf dem Weg zur Menschlichkeit muß auch das Unmenschliche dienen. Im Grunde ist das keine andere Logik als diejenige, welche sagt, daß für „wirklich hochrangige wissenschaftliche Ergebnisse" schon einmal

Embryonen geopfert werden dürfen. Und es ist kein anderer Begriff von Freiheit als derjenige, der uns darüber belehrt, daß es zur Freiheit der Frau gehören müsse, ein Kind zu beseitigen, das ihrer Selbstverwirklichung entgegensteht. So geht der Terrorismus heute auf etwas sublimeren Schlachtfeldern mit dem vollen Segen der Wissenschaft und des aufgeklärten Geistes unvermindert weiter. Gewiß, der grobe Terrorismus der Gesellschaftsveränderer ist in den westlichen Gesellschaften eingedämmt worden: Zu sehr hat er die Lebensgewohnheiten dieser Gesellschaften bedroht; zu augenfällig ist das Unmoralische seiner Moral sichtbar geworden. Aber eine wirkliche Abwendung von seinen Grundlagen hat noch nicht stattgefunden; man sieht es auch daran, daß man ihn ungeniert weiterhin Ländern der dritten Welt empfiehlt, die weit genug von uns entfernt liegen. Nach wie vor gilt nahezu als unmoralisch, wer für die dritte Welt die Parolen nicht lobt, die er im eigenen Umkreis nicht gerne angewendet sehen möchte. Die Parteinahme für militante Befreiungsideologien erscheint als eine Art moralischer Ausgleich dafür, daß man es sich selber gut gehen läßt und darin nichts Wesentliches geändert sehen möchte. Die Praxis des Terrorismus ist in Europa gottlob wieder reduziert worden, aber seine geistigen Grundlagen sind nicht überwunden, und solange dies nicht der Fall ist, kann er auch jederzeit von neuem aufflammen.

c) Die neue Zuwendung zu Moral und Religion

So stellt sich jetzt ganz nachdrücklich die Frage: Was ist an diesen - hier nur kurz angedeuteten geistigen Grundlagen das eigentlich Verkehrte? Wo genau liegt der Fehler? Bevor wir dieser Frage auf den Grund gehen, müssen wir aber noch unsere Bestandsaufnahme der gegenwärtigen Gesellschaft vervollständigen. Wir hatten gesagt, es gebe als herausragende Negativ-Phänomene das Voranschreiten der Droge und die Drohung des Terrorismus; es gebe als positives Phänomen aber auch einen starken neuen Willen zu großen moralischen Werten wie Freiheit, Gerechtigkeit, Friede. Kann vielleicht von da die Antwort auf die Bedrohungen unserer Zeit kommen? Zunächst müssen wir feststellen, daß die vor allem im Blickfeld stehenden Werte weitgehend mit denjenigen identisch sind, die als Zielwerte auch von den Trägern gewalttätiger Bewegungen verkündet wurden und werden. Aber der Mißbrauch diskreditiert nicht die Werte als solche. Das Neue in der Breite der jungen Generation von heute besteht darin, daß diese Ziele nun auf die Ebene konkreten politischen und sozialen Handelns projiziert und damit ihres arationalen, gewalttätigen Charakters entkleidet werden. Die Ideologien werden abgestreift, und so kann der Blick auf das Gute wieder rein werden. Dies darf man in der Tat als ein Element der Hoffnung ansprechen: Die tiefe göttliche Botschaft im Menschen kann verschüttet und entstellt werden, aber sie bricht auch immer wieder hervor und schafft sich ihren Weg. In denselben Zusammenhang gehört es auch, daß ein neues Verlangen nach Sammlung, nach Kontemplation, nach wahrer Sakralität, ja nach Berührung mit Gott spürbar wird.

Insofern drängen Kräfte hervor, die uns hoffen lassen. Aber wie die Quelle gefaßt werden muß, damit sie nicht versickert, so bedürfen auch diese Impulse der Reinigung und der Ordnung, damit sie zu ihrer wahren Wirkung kommen. Der neue religiöse Wille kann sehr leicht ins Esoterische abgedrängt werden; er kann zu bloßer Romantik verdampfen. Zwei Hürden sind für ihn unendlich schwer zu überspringen: Schwer anzunehmen scheint die Kontinuität einer ständigen Zucht, eines geraden Weges, der sich nicht von der Ordnung des Willens und des Verstandes abdrängen läßt in schnelle Befriedigungen durch die Technik der Gefühle. Noch schwerer als dies scheint das Einmünden solchen Willens in den gemeinschaftlichen Lebenszusammenhang einer „Institution" des Glaubens, in der Religion als Glaube gemeinschaftliche Gestalt und Weg geworden ist. Wo aber diese doppelte Hürde nicht übersprungen wird, entartet Religion zum Genußmittel und entfaltet keine die Gemeinschaft wie den einzelnen bindende moralische Kraft. Verstand und Wille danken in ihr ab; es bleibt das bloße Gefühl, und das ist zu wenig.

In ähnlicher Weise sind auch die neuen moralischen Impulse gefährdet. Ihre ungedeckte Flanke ist das weitgehende Fehlen individual-ethischer Werte. Der Blick geht ins Große und Ganze, ins Gemeinschaftliche. Gewiß ist anzuerkennen, daß die Zuwendung zu den Randgruppen sich oft auch in persönlicher Hilfsbereitschaft äußert, die Motivation des Dienens und des Beistehens auf bewundernswerte Weise entbindet. Aber aufs Ganze gesehen ist doch eher eine Schwäche an persönlicher Motivationskraft zu beobachten. Es ist leichter, für Rechte und Freiheiten der eigenen Gruppe zu demonstrieren, als die Disziplin der Freiheit und die Geduld der Liebe für die Leidenden im Alltag zu praktizieren oder gar sich unter Verzicht auf einen Großteil der eigenen individuellen Freiheiten ein Leben lang zu solchem Dienst zu binden. Es fällt auf, daß die Motivationskraft zum Dienen auch in der Kirche offensichtlich entscheidend geschwächt ist: Orden, die sich der Pflege der Kranken und Alten widmen, finden kaum noch Nachwuchs. Man möchte lieber in „pastoral" anspruchsvolleren Diensten wirken. Aber was ist eigentlich „pastoraler" als das unprätentiöse Dasein für die Leidenden? So wichtig professionelle Qualifikation für diese Dienste ist - ohne einen tiefen moralischen und religiösen Grund erstarren sie zu bloßer Technik und leisten das menschlich Entscheidende nicht mehr.

Die schwache Seite des gegenwärtigen moralischen Aufbruchs liegt also zunächst in der Schwäche der individualethischen Motivationskraft. Dahinter aber liegt etwas Tieferes: Die moralischen Werte haben in der technisch bestimmten Gesellschaft ihre Evidenz und so auch ihren zwingenden Anspruch verloren. Sie sind Zielsetzungen fürs Ganze, für die man sich begeistert und ereifert; aber daß sie mich auch dann verpflichten, wenn es sich für mich negativ auswirkt, wenn meine eigene Freiheit und mein persönlicher Friede dabei gefährdet werden, ist nicht einsichtig. Damit aber sind diese Zielsetzungen weitgehend wirkungslos, und der öffentliche Elan, mit dem sie in

Demonstrationen herausgestellt und in Reden unentwegt verfochten werden, ist wohl auch Kompensation für diesen Mangel an konkreter Wirksamkeit. So sind wir aber wieder bei der vorhin liegengelassenen Frage angelangt, wo eigentlich genau der Fehler an jener Art von Moralismus beginnt, der im Terrorismus endet. Denn dieser Fehler ist die eigentliche Wurzel auch fast aller anderen Probleme unserer Epoche; seine Auswirkungen reichen weit über das terroristische Umfeld hinaus.

2. Elemente einer Antwort

a) Das Wesen des Moralischen

Versuchen wir, uns langsam an den Sachverhalt heranzutasten. Ich sagte, das Moralische habe seine Evidenz verloren. Nur noch ein geringer Teil der Menschen in der modernen Gesellschaft glaubt an die Existenz göttlicher Gebote, und noch weniger sind überzeugt davon, daß uns diese Gebote - wenn es sie gibt - durch die Kirche, durch die religiöse Gemeinschaft fehlerfrei übermittelt werden. Daß ein anderer Wille, der Wille des Schöpfers, uns ruft, und daß im Einklang unseres Willens mit dem seinigen unser Wesen recht wird, das ist eine Vorstellung, der sich der Großteil der Menschen entfremdet hat. Für Gott bleibt allenfalls die Funktion übrig, den Urknall in Gang gesetzt zu haben; daß er handelnd in unserer Mitte sei und der Mensch unter seinem Willen stehe, erscheint den meisten als ein naiv-anthropomorpher Gottesgedanke, mit dem der Mensch sich selbst überschätze. Nun ist die Vorstellung einer persönlichen Beziehung zwischen dem Schöpfergott und jedem einzelnen Menschen in der Religions- und Sittengeschichte der Menschen zwar nicht ganz abwesend, aber in seiner reinen Gestalt auf den Umkreis der biblischen Religion beschränkt. Was aber nahezu der ganzen vormodernen Menschheit gemeinsam war, liegt sachlich auf derselben Linie: die Überzeugung, daß im Sein des Menschen ein Sollen liegt; die Überzeugung, daß er Moral nicht selbst aus Zweckmäßigkeitsberechnungen *er*findet, sondern im Wesen der Dinge *vor*findet. Der englische Schriftsteller und Philosoph C. S. Lewis hat lang vor dem Ausbruch des Terrorismus und vor dem Einbruch der Droge auf die tödliche Gefahr der Abschaffung des Menschen hingewiesen, die im Zusammenbruch der Grundlagen unserer Moral liegt, und dabei die menschheitliche Evidenz hervorgehoben, auf der das Bestehen des Menschen als Menschen beruht. Er zeigt in einem Blick durch alle großen Kulturen das Bestehen dieser Evidenz. Er verweist nicht nur auf das moralische Erbe der Griechen, wie es besonders von Platon, Aristoteles und der Stoa artikuliert wurde, die den Menschen zum Vernehmen der Vernunft des Seins hinführen wollen und von da aus eine Erziehung in „Wesensverwandtschaft mit der Vernunft" verlangen. Er erinnert an die Idee des Rta im frühen Hinduismus, das den Einklang der kosmischen Ordnung, der sittlichen Tugenden und des Tempelzeremoniells meint. Er unterstreicht besonders die chinesische Lehre vom Tao: „Es ist die Natur, es ist der Weg, die Bahn. Es ist die Art, wie das All sich bewegt... Es ist auch der Weg, auf dem jeder Mensch in Nachahmung dieser kosmischen und überkosmischen Bewegung schreiten sollte, indem er seine ganze Bewegung nach diesem großen Vorbild ausrichtet."[1] Lewis verweist aber auch auf das Gesetz Israels, das Kosmos und Geschichte verbindet und Ausdruck der Wahrheit des Menschen wie der Wahrheit der Welt überhaupt sein will. Innerhalb dieses Wissens der großen Kulturen gibt es Unterschiede im Detail, aber viel stärker als die Unterschiede ist das große Gemeinsame, das sich als Urevidenz menschlichen Lebens darstellt: die Lehre von objektiven Werten, die sich im Sein der Welt aussagen; der Glaube, daß es Haltungen gibt, die der Botschaft des Alls entsprechend wahr und darum gut sind und daß ebenso andere Haltungen, weil dem Sein widersprechend, wirklich und immer falsch sind.

Der neuzeitlichen Menschheit ist eingeredet worden, daß die Moralen der Menschheit einander radikal widersprechen wie die Religionen auch. In beiden Fällen ist daraus die

[1] C. S. Lewis, Die Abschaffung des Menschen (deutsch von M. Gisi, Einsiedeln 1979) 27.

einfache Schlußfolgerung gezogen worden, daß all dies menschliche Erfindungen seien, deren Ungereimtheiten wir nun endlich durchschauen und durch vernünftige Erkenntnis ersetzen könnten. Aber diese Diagnose ist extrem oberflächlich. Sie klammert sich an eine Reihe von Details, die sie ordnungslos nebeneinander aufreiht und kommt so zu ihrer banalen Besserwisserei. Die Wirklichkeit ist, daß die Grundintuition über den moralischen Charakter des Seins selbst und über den notwendigen Zusammenklang des menschlichen Wesens mit der Botschaft der Natur allen großen Kulturen gemeinsam ist und daß daher auch die großen moralischen Imperative gemeinsam sind. C. S. Lewis hat dies mit Nachdruck so formuliert: „Was ich aus praktischen Gründen das Tao genannt habe, und was andere das Naturgesetz oder die überlieferte Moral oder das erste Prinzip der praktischen Vernunft oder die Grundwahrheiten nennen mögen, ist nicht ein Wertsystem innerhalb einer Reihe von möglichen Wertsystemen. Es ist die einzige Quelle aller Werturteile. Wird es abgelehnt, wird jeglicher Wert verworfen. Wird irgendein Wert beibehalten, wird es auch beibehalten. Der Versuch, es abzulehnen und ein neues an seine Stelle zu setzen, ist ein Widerspruch in sich..."[2]

b) Falsifizierung des Szientismus: Die Abschaffung des Menschen

Das Problem der Moderne, das heißt das moralische Problem unserer Zeit besteht darin, daß sie sich von dieser Urevidenz getrennt hat. Um den Vorgang wirklich zu verstehen, müssen wir ihn noch etwas genauer beschreiben. Für das naturwissenschaftlich geprägte Denken ist es kennzeichnend, daß es zwischen der Welt der Gefühle und der Welt der Tatsachen einen Abgrund errichtet. Gefühle sind subjektiv, Tatsachen sind objektiv. Die „Tatsachen", das heißt das, was es feststellbar außerhalb unserer selbst gibt, sind nur noch „Tatsachen", nackte Faktizität. Dem Atom über seine mathematischen Bestimmtheiten

[2] a.a.O. 49.

hinaus irgendwelche weiteren Qualitäten etwa moralischer oder ästhetischer Natur zuzulegen, wird als reine Fabelei betrachtet. Diese Reduktion der Natur auf durchschaubare und damit auch beherrschbare Fakten hat aber zur Folge, daß von außerhalb unserer selbst keine moralische Botschaft mehr auf uns zukommt. Das Moralische gehört nun ebenso wie das Religiöse dem Bereich des Subjektiven zu; es hat keinen Platz im Objektiven. Wenn es subjektiv ist, ist es Setzung des Menschen. Es geht uns nicht voraus, wir gehen ihm voraus und machen es. Diese Bewegung der „Objektivierung", die die Dinge „durchschaut" und beherrschbar macht, kennt ihrem Wesen nach keine Grenze. Schon Auguste Comte hat eine Physik des Menschen gefordert: Nach und nach müsse auch der schwierigste Gegenstand der Natur wissenschaftlich faßbar, das heißt der naturwissen-schaftlichen Erkenntnis unterworfen werden: der Mensch. Er werde dann genauso durchschaut sein, wie es die Materie schon ist.[3] Psychoanalyse und Soziologie sind die grundlegenden Weisen, dieses Postulat einzulösen. Man kann nun (so scheint es) die Mechanismen erklären, wie der Mensch zur Meinung kam, Natur drücke ein moralisches Gesetz aus. Freilich - der durchschaute Mensch ist gar kein Mensch mehr, auch er kann vom Wesen solchen Erkennens her nur noch pure Faktizität sein: „Wer alles durchschaut, sieht nichts mehr," hat Lewis formuliert.[4] Die zur universalen Weltanschauung ausgebauten Theorien der Evolution besiegeln diese Optik und versuchen zugleich, sie zu kompen-sieren.[5] Natürlich (so sagen sie) ist alles ohne jede Logik oder richtiger: durch die bloße Logik der Tatsachen so geworden, wie es ist. Aber diesen rein mechanischen Hergang der Weltwerdung kann man nun rekonstruieren in den Theorien

[3] Vgl. H. de Lubac, Über Gott hinaus. Tragödie des atheistischen Humanismus (Einsiedeln 1984) 95-184; H. U. von Balthasar, Die Gottesfrage des heutigen Menschen (Wien 1956).

[4] a.a.O. 82.

[5] Vgl. dazu R. Spaemann - R. Löw - P. Koslowski, Evolutionismus und Christentum. Acta humaniora VCH 1986; W. Bröker, Schöpfung als Auftrag, in: W. Baier u.a., Weisheit Gottes - Weisheit der Welt. Festschrift für J. Ratzinger (St. Ottilien 1987), 115-126.

über Zufall und Notwendigkeit, in der perfekten Evolutionslehre. Die Schlußfolgerungen aus der „Evolution", die Nachbildung ihrer Erfolge wären dann die neue Moral: Das Ziel der Evolution ist das Überleben und die Optimierung der Arten. Das optimale Überleben der Art „Mensch" wäre nun der moralische Grundwert; die Regeln, nach denen man es macht, wären die einzelnen moralischen Ordnungen. Nur scheinbar ist dies eine Wiederkehr des Lauschens auf die moralische Weisung der Natur. In Wirklichkeit herrscht nun der Gott Sinnlos, denn die Evolution aus sich selbst ist sinnlos. Es herrschen das Kalkül, und es herrscht die Macht. Die Moral ist abgetreten, und der Mensch als Mensch ist abgetreten. Warum man sich an das Überleben dieser Art klammern soll, ist nicht mehr einsichtig zu machen. Noch einmal möchte ich C. S. Lewis das Wort geben, der diesen Vorgang schon im Jahr 1943 mit schneidender Schärfe beschrieben hat. Er sieht darin den alten Pakt mit dem Magier: „Gib mir deine Seele, und du wirst dafür Macht erhalten. Aber haben wir unsere Seele, das heißt unser Selbst einmal aufgegeben, wird die so eingetauschte Macht nicht mehr uns gehören... Es liegt in des Menschen Macht, sich selbst als bloß 'natürliches Objekt' zu verstehen... Der eigentliche Einwand liegt darin, daß der Mensch, der sich selbst als Rohmaterial verstehen will, auch Rohmaterial wird..."[6] Lewis hat diese Warnungen während des Zweiten Weltkriegs formuliert, weil er durch die Zerstörung der Moral auch die Fähigkeit bedroht sah, das Vaterland gegen den Ansturm der Barbarei zu verteidigen. Aber er war objektiv genug, um hinzuzufügen: „Ich denke hier nicht einzig, vielleicht nicht einmal vor allem an jene, die im Augenblick unsere politischen Feinde sind. Der Prozeß, der, falls man ihm nicht Einhalt gebietet, den Menschen zerstören wird, spielt sich unter Kommunisten und Demokraten ebenso augenfällig ab wie unter Faschisten..."[7] Dieser Hinweis scheint mir sehr wichtig zu sein: Die entgegengesetztesten modernen Weltanschauungen haben den Ausgangs-

[6] a.a.O. 74.

[7] a.a.O. 75.

punkt der Leugnung des natürlichen Sittengesetzes und der Reduktion der Welt auf „bloße" Tatsachen gemein. Das Maß dessen, was sie unlogischerweise aus den alten Werten festhalten, ist unterschiedlich, aber im Kernpunkt sind sie von der gleichen Gefahr bedroht.

Die eigentliche Unwahrheit jener Weltanschauung, für die Droge und Terrorismus nur Symptome sind, besteht in der Reduktion der Welt auf Tatsachen und in der Verengung der Vernunft auf die Wahrnehmung des Quantitativen. Das Eigentliche am Menschen wird ins Subjektive abgedrängt und so wirklichkeitslos. Die „Abschaffung des Menschen", die aus der Absolutsetzung einer einzigen Weise des Erkennens folgt, ist zugleich die klare Falsifizierung dieser Weltsicht. Den Menschen gibt es, und wer ihn kraft seiner Theorie in den Bereich des durchschauten und montierbaren Apparats herabziehen muß, lebt in einer Verengung der Wahrnehmung, der gerade das Wesentliche entgeht. Wenn Wissenschaft auf möglichst umfassende und wirklichkeitsgerechte Erkenntnis abzielt, dann ist eine so verabsolutierte Form einer Methode das Gegenteil von Wissenschaft. Das heißt mit anderen Worten: Auch die praktische Vernunft, auf der die eigentlich sittliche Erkenntnis beruht, ist eine wirkliche Vernunft und nicht bloß Ausdruck subjektiver Gefühle ohne Erkenntniswert. Wir müssen wieder begreifen lernen, daß die großen sittlichen Erkenntnisse der Menschheit genauso vernünftig und genauso wahr, ja wahrer sind als die experimentellen Erkenntnisse des naturwissenschaftlichen und technischen Bereichs. Sie sind wahrer, weil sie tiefer an das Eigentliche des Seins rühren und entscheidungsvoller für das Menschsein des Menschen sind.

c) Vernunft der Moral und Vernunft des Glaubens

Daraus ergeben sich zwei Schlußfolgerungen. Die eine ist die, daß das moralische Sollen nicht die Gefangenschaft des Menschen ist, von der er sich freimachen muß, um endlich tun zu können, was er will. Das moralische Sollen macht seine Würde aus, und wenn er es abschüttelt, dann wird er nicht freier, sondern dann hat er sich auf die Ebene des Apparats, des bloßen Dings zurückgestuft. Wenn es kein Sollen mehr gibt, auf das er in Freiheit antworten kann und muß, dann gibt es den Bereich der Freiheit überhaupt nicht mehr. Das Erkennen des Moralischen ist der eigentliche Inhalt der Menschenwürde; man kann es aber nicht erkennen, ohne es zugleich als Verpflichtung der Freiheit zu erfahren. Moral ist nicht Kerker des Menschen, sondern das Göttliche an ihm.

Um die zweite Schlußfolgerung darzustellen, müssen wir nochmals an die vorhin erzielte Grundeinsicht erinnern: Die praktische (oder moralische) Vernunft ist Vernunft im höchsten Sinn, weil sie tiefer in das eigentliche Geheimnis des Wirklichen vordringt als die experimentelle Vernunft. Das aber bedeutet, daß der christliche Glaube nicht Begrenzung oder Lähmung der Vernunft ist, sondern sie erst zu ihrem eigenen Werk freimacht. Denn auch die praktische Vernunft braucht die Bürgnis des Experiments, aber eines größeren, als es in Laboratorien geleistet werden kann: Sie braucht das Experiment des bestandenen Menschseins, das nur aus der bestandenen Geschichte selbst kommen kann. Darum war die praktische Vernunft immer eingeordnet in den großen Erfahrungs- und Bewährungszusammenhang ethisch-religiöser Gesamtvisionen. Und wie Naturwissenschaft von den genialen Durchbrüchen großer Einzelner zehrt, so hängen auch diese Systematisierungen des ethischen Blicks zum einen an gelebter Gemeinschaft, zum anderen aber an der besonderen Sehfähigkeit einzelner, denen ein Blick ins Ganze gelungen war. Die großen ethischen Gestaltungen Griechenlands, des Nahen und des Fernen Ostens, von denen vorhin kurz die Rede war, haben im Kern ihrer Aussage nichts von ihrer Gültigkeit eingebüßt, aber wir können sie heute als Nebenflüsse ansehen, die letztlich auf den großen Strom der christlichen Deutung des Wirklichen zuführen.

Tatsächlich ist die ethische Vision des christlichen Glaubens nichts Partikulär-Christliches, sondern die Synthese der großen ethischen Intuitionen der Menschheit von einer neuen, sie alle zusammenhaltenden Mitte her. Diese Übereinstimmung der ethischen Weisheit wird heute vielfach als Argument gegen die Verbindlichkeit der in der Bibel verkündeten Gebote Gottes hingestellt. Man sehe daraus, so wird argumentiert, daß die Bibel gar keine ethische Weisung habe, sondern jeweils die moralischen Erkenntnisse der Umwelt sich zu eigen mache. Also gelte in der Moral nur das, was jeweils in einer Zeit als vernünftig erkannt wird, und damit ist man bereits bei der Abdrängung der Moral ins bloße Kalkül, das heißt bei der Abschaffung des im eigentlichen Sinn Moralischen angelangt. Das Gegenteil ist richtig: Der innere Einklang der moralischen Grundweisung, die freilich Schritt für Schritt entfaltet und gereinigt wurde, ist der beste Beweis für ihre Gültigkeit - der beste Beweis, daß sie nicht erfunden, sondern gefunden ist. Gefunden - wie? Hier greifen nun Offenbarungs- und Vernunftbereich ganz eng ineinander. Gefunden sind diese Erkenntnisse zum einen, wie wir sagten, durch solche, die tiefer zu schauen vermochten. Wir nennen solches Schauen, das über die eigene Erkenntnisleistung hinausgeht, Offenbarung. Aber was dabei gesehen wird, ist im ethischen Bereich wesentlich die moralische Botschaft, die in der Schöpfung selbst liegt. Denn die Natur ist nicht, wie ein totalisierter Szientis-mus behauptet, eine vom Zufall und seinen Spielregeln aufgebaute Montage, sondern sie ist Schöpfung. In ihr drückt sich der Creator Spiritus aus. Deshalb gibt es nicht nur Naturgesetze im Sinn physikalischer Funktionen, sondern das eigentliche Naturgesetz ist ein moralisches Gesetz. Die Schöpfung selbst lehrt uns, wie wir auf rechte Weise Menschen sein können. Der christliche Glaube, der uns hilft, die Schöpfung als Schöpfung zu erkennen, ist nicht eine Lähmung der Vernunft; er gibt der praktischen Vernunft den Lebensraum, in dem sie sich entfalten kann. Die Moral, die die Kirche lehrt, ist nicht eine Speziallast für Christen, sondern sie ist die Verteidigung des Menschen gegen den Versuch seiner Abschaffung. Wenn Moral - wie wir sahen - nicht Versklavung, sondern Befreiung des Menschen ist, dann ist der christliche Glaube Vorposten menschlicher Freiheit.

Noch eine letzte Überlegung möchte ich hinzufügen. Worum es mir hier geht, hat der römische Dichter Juvenal unübertrefflich so formuliert:

Summum crede nefas animam praeferre pudori
et propter vitam vivendi perdere causas -

Halte es für höchstes Unrecht, das eigene Überleben der Ehrfurcht vorzuziehen und um des Überlebens willen die Gründe des Lebens zu vertun. Das heißt: Es gibt Werte, die es wert sind, daß man für sie stirbt, weil ein um den Verrat dieser Werte erkauftes Leben auf dem Verrat der Lebensgründe beruht und daher von innen zerstörtes Leben ist. Wir könnten das Gemeinte auch so ausdrücken: Wo es nichts mehr gibt, wofür zu sterben sich lohnt, da lohnt sich auch das Leben nicht mehr; es hat sein Wofür verloren. Und dies gilt nicht nur für den einzelnen; auch ein Land, eine gemeinsame Kultur hat Werte, die den Einsatz des Lebens rechtfertigen; wenn es solche Werte nicht mehr gibt, dann entfallen auch die Gründe und die Kräfte, die den sozialen Zusammenhalt tragen und ein Land als Lebensgemeinschaft erhalten.

Damit sind wir wieder bei den Überlegungen angelangt, die wir zuerst beim Disput über die Droge berührt hatten. Der Mensch braucht die Transzendenz. Die Immanenz allein ist ihm zu eng. Er ist für mehr geschaffen. Die Bestreitung des Jenseits hat zunächst zu einer leidenschaftlichen Verherrlichung des Lebens, der Lebensbehauptung um jeden Preis geführt. Alles muß ja in diesem Leben erreicht werden, ein anderes gibt es nicht. Die Lebensgier, die Gier nach allen Arten von Erfüllungen, wurde aufs Äußerste gesteigert. Aber alsbald ist eine ungeheure Entwertung des Lebens daraus geworden: Es ist nicht mehr vom Siegel des Heiligen umgeben; man wirft es weg, wenn es nicht mehr gefällt. Die mißgestalteten Drillinge: Abtreibung, Euthanasie, Selbstmord sind die natürlichen Abkömmlinge dieses Grundentscheids - der Leugnung der ewigen Verantwortung und der ewigen Hoffnung. Die

Lebensgier schlägt in Ekel am Leben und in die Nichtigkeit seiner Erfüllungen um. Die Abschaffung des Menschen ist auch hier die Konsequenz.

Der Mensch braucht das Ethos, um er selbst zu sein. Das Ethos aber braucht den Schöpfungs- und den Unsterblichkeitsglauben, das heißt es braucht die Objektivität des Sollens und die Endgültigkeit von Verantwortung und Erfüllung. Die Unmöglichkeit eines davon abgeschnittenen Menschseins ist der indirekte Beweis für die Wahrheit des christlichen Glaubens und seiner Hoffnung. Diese Hoffnung ist das Rettende für den Menschen, auch und gerade heute. Der Christ darf seines Glaubens froh sein. Ohne die frohe Botschaft des Glaubens besteht das Menschsein auf die Dauer nicht. Die Freude des Glaubens ist seine Verantwortung: Wir sollten sie mit neuem Mut in dieser Stunde unserer Geschichte ergreifen.

II. Der Auftrag der Religion angesichts der gegenwärtigen Krise von Friede und Gerechtigkeit

Friede und Gerechtigkeit sind zu den zentralen Fragen unseres Zeitalters geworden. In den folgenden Überlegungen soll es darum gehen, zunächst die Probleme kurz zu skizzieren, mit denen sich das Bemühen um Friede und Gerechtigkeit heute konfrontiert sieht, um dann zu fragen, welchen Beitrag die Religion zur Bewältigung dieser Probleme leisten kann. Da es Religion nicht abstrakt gibt, sondern nur als konkrete historische Gestalt, werde ich dabei nicht von einem allgemeinen Religionsbegriff ausgehen, sondern meine Frage konkret an meinen eigenen Glauben als Christ und Katholik richten: Was kann von seinem ursprünglichen und wahren Wesen her unser Glaube für die Bewältigung dieser Fragen tun? Was kann und darf er vielleicht auch nicht tun, wenn er seinem Wesen treu bleiben will? Auch die erste Hälfte des Themas möchte ich etwas enger und präziser fassen, um es realisierbar zu gestalten: Ich beabsichtige nicht, eine empirische Analyse der einzelnen Fazetten der heutigen Krise von Friede und Gerechtigkeit zu liefern, die bei der Weite der Phänomene ein ganzes Buch füllen müßte und vielleicht von einem einzelnen auch gar nicht zu leisten wäre, selbst wenn er über mehr Fachkenntnisse und mehr Forschungsmöglichkeiten verfügte, als dies bei mir der Fall ist. Meine Absicht ist nicht deskriptiv, sondern in einem weitläufigen Sinn normativ. Das bedeutet: Es soll darum gehen, von den Phänomenen her zu erkennen, was Friede ist, was Gerechtigkeit ist und wie beide zusammenhängen, um von da aus unseren ethischen Auftrag zu erfassen. Solche Analyse aber geschieht nicht „innerhalb der Grenzen der bloßen Vernunft“ (um Kant zu zitieren), sondern im Licht dessen, was der christliche Glaube uns über beide Themen sagen kann, das heißt in einer Öffnung der Vernunft auf Erkenntnis, die sie nicht einfach selbst hervorgebracht hat, die aber gleichwohl - einmal gegeben - wirkliche Erkenntnis ist. Insofern ist der Beitrag des Glaubens schon in der Analyse der Phänomene selbst wie in der Ausleuchtung seiner ethischen Imperative enthalten.

1. Gefährdungen des Friedens - Verlust des Masses für Recht und Unrecht

Unser Thema verknüpft Friede und Gerechtigkeit miteinander. Die Krise des einen ist die Krise der anderen und umgekehrt. Wo Gerechtigkeit ins Wanken gerät, wankt auch der Friede. Ja, man kann wohl sagen, daß Kriege immer da entstehen, wo das Maß der Gerechtigkeit undeutlich oder kraftlos wird. Das scheint mir offenkundig zu werden, wenn wir die vier Formen der Bedrohung des Friedens konkret betrachten, die heute in der Welt feststellbar sind:

Die erste Bedrohung des Friedens, die am meisten im öffentlichen Bewußtsein gegenwärtig ist, besteht in der Gefahr des Menschheitskrieges, also in der Gefahr, daß die großen Blöcke, in die die Welt geteilt ist, mit jenen Zerstörungswaffen gegeneinander losgehen, die aller Voraussicht nach den Untergang der Menschheit nach sich ziehen würden.

Die zweite Form von Friedensgefährdung und -zerstörung besteht in den „klassischen" Kriegen, die auch in den letzten vierzig Jahren in den verschiedenen Erdteilen in einer nicht abreißenden Kette stattgefunden haben: Kriege im Vorderen Orient, Kriege in Afrika, in Südostasien, der Krieg zwischen Argentinien und Großbritannien usw.

Die dritte Form könnte man als Verlust des inneren Friedens der Staaten bezeichnen, der sich in zwei wohl zu unterscheidenden, aber auch ineinander übergehenden Formen darstellt:

Sogenannte Befreiungsbewegungen greifen zur Gewalt, wo sie die staatliche Rechtsgewalt als Unrechtsgewalt ansehen und daher die an sich friedensstörende Auflehnung gegen die

Staatsordnung als Einsatz für das Recht und damit als einzige Form der Herstellung des Friedens, als Verpflichtung für den wahren Frieden ansehen. Diese oft sehr grausame und blutige Form des Kampfes wird heute interessanterweise vom Großteil derer, die sich von Kriegstyp 1 her als Pazifisten betrachten, als geradezu heilige Angelegenheit, als eine höhere Form des bellum iustum angesehen - als aktive Form von Friede. Zugleich wird hier der Kern der modernen Krise deutlich, die im Verlust des gemeinsamen Maßes der Gerechtigkeit besteht. Großräumiger Friede ist ja im Lauf des Mittelalters nach der Zeit der vielfältigen Fehden zwischen Familien und Städten, nach der Zeit weitgehender Selbstjustiz durch den Gewaltverzicht der einzelnen Rechtsträger entstanden, die sich untereinander in einem gemeinsam anerkannten Landrecht finden und den Schutz dieses Rechtes zentralen Instanzen - der „Justiz" und ihren Organen - übertragen.[1] So ergab sich eine klare Scheidung zweier wesentlich verschiedener Arten von Gewalt: Den staatlichen Organen des Rechts stehen Mittel zu dessen Durchsetzung zur Verfügung, die innerhalb des so geschaffenen Friedensraumes als Kraft des Rechtes anerkannt werden. Sie sind nicht mehr „Gewalt", mit der der eine sein Recht zu wahren versucht, während sie für den anderen ein Akt des Unrechts ist, gegen das er sich wehrt. Sie schützen vielmehr das Recht aller und sind als „Rechtsgewalt" von der rechtsbrechenden Gewalttätigkeit von Grund auf unterschieden. Heute ist ein Prozeß in Gang gekommen, der auf die Zurücknahme dieses Gewaltverzichts hinauslaufen könnte. Dieser Prozeß der Zurücknahme des Gewaltverzichts kann verschiedene Ursachen haben. Er kann darauf beruhen, daß der Staat in der Tat nicht mehr Recht schützt, sondern als Recht ausgibt, was Willkür ist. Er kann aber auch umgekehrt darauf beruhen, daß ideologische Gruppierungen sich eine parteiliche Rechtsidee schaffen und daher aus der Gemeinsamkeit des Rechtes ausbre-

[1] Vgl. H. Maier, Worauf Frieden beruht (Freiburg 1981) 20ff; U. Duchrow, Christenheit und Weltverantwortung (Stuttgart 1970) 533ff.

chen, um ihre Ziele durchzusetzen. In beiden Fällen liegt ein tiefgehender ethischer und religiöser Wandlungsprozeß zugrunde, in dem das Einverständnis darüber zerbricht, was Recht und was Unrecht ist.

Wir hatten eben gesagt, das Zurücknehmen des Gewaltverzichts könne auf Verschulden des Staates beruhen, der Unrecht zu Recht macht; es könne aber auch auf einer rechtszerstörenden Parteilichkeit einer Gruppe beruhen, die ihr eigenes Recht zum einzigen Recht erhebt und damit ihrerseits Unrecht als Recht aufzurichten gedenkt. Je nachdem ob das erste oder das zweite der Fall ist, wird man von Befreiungsbewegung oder von Terrorismus sprechen. Natürlich wird sich jeder Terrorismus als Befreiungsbewegung ausgeben, und wo das Maß des Rechtes undeutlich geworden ist, kann er es auch. Man wird sich daran erinnern, daß in der ersten Phase des deutschen Terrorismus, als das Phänomen die übrigen westlichen Länder noch kaum berührt hatte, der Westen weitgehend geneigt war, die Terroristen als wirkliche Freiheitskämpfer und als Opfer einer neu sich etablierenden Staatstotalität anzusehen. Erst als das Phänomen sich internationalisierte und man den „Freiheitskampf" aus der Nähe zu sehen bekam, wurde unstrittig deutlich, daß es sich um brutale, menschenverachtende Gewalt handelte und daß die idealisierte anarchische Freiheit vor allem als Freiheit zur Gewalt und als Freiheit vom Recht konzipiert war. Umgekehrt ist man in Europa immer bereit, jede Art von Terrorismus in der dritten Welt als Befreiungsbewegung begeistert zu feiern. Das Motiv dafür hat Helmut Kuhn vor mehr als zwanzig Jahren scharfsichtig so formuliert: „Wie aber die von der Gerechtigkeit getrennte Ordnung furchtbar wird, so die ungerechte, durch Ausbeutung und das Leiden anderer erkaufte Wohlfahrt widerwärtig. Daher das schlechte Gewissen, das die Freude an der Nachkriegswohlfahrt der atlantischen Welt verdirbt und das im Gedanken an geleistete Entwicklungshilfe keine Beruhigung findet."[2] Wenn man im übrigen

[2] H. Kuhn, Der Staat. Eine philosophische Darstellung (München 1967) 193.

trotz allem dem anfänglichen Terrorismus in Europa noch einen gewissen Idealismus, wenigstens eine Idee zuerkennen wird, so schreitet heute der Rechtszerfall und damit die Enthemmung der Gewalt immer weiter voran: Das weltweite Netz des Drogenhandels, verknüpft mit Prostitution, Waffenhandel und alten Verbrechersyndikaten, wird allmählich zu einer Menschheitsbedrohung, in der der Verlust des Rechts den Frieden ohne großen offenen Krieg von innen her mehr zerstört, als die klassischen Kriege es je tun konnten und die Dimensionen eines Menschheitskrieges von unerwarteter Seite und in unerwarteter Gestalt heraufsteigen könnten.

Die vierte Form von Friedenszerstörung ist im Voraufgegangenen schon angeklungen; sie hängt mit der vorigen eng zusammen. Es kann sein, daß ein Staat in die Hand von Gruppen gerät, die das Unrecht zum Recht erheben, die Gerechtigkeit von Grund auf zerstören und dabei auf ihre Weise einen „Frieden" schaffen, der in Wirklichkeit Herrschaft von Gewalt ist. Ein solcher Staat kann mit den Mitteln moderner Massenbeherrschung völlige Unterwerfung und damit den Anschein von Ordnung und Ruhe erzeugen, während die Menschen des unbeugsamen Gewissens ins Gefängnis geworfen oder zur Auswanderung genötigt oder umgebracht werden. Ein Staat ohne Gerechtigkeit ist eine große Räuberbande, hat Augustinus dazu festgestellt.[3] Hitlers Reich war ein solcher Räuberstaat, aber auch Stalins Regiment war Herrschaft einer Räuberbande. Äußerlich gesehen besteht hier Friede, aber es ist der Friede des Friedhofs. Das Tragische ist, daß in der perfekten Tyrannis gar kein Befreiungskrieg mehr möglich ist und die Herrschaft der Gewalt sich ruhig als Sieg des Friedens etablieren kann. In diesem Sinn sagt das Neue Testament über den Antichrist voraus, daß er sich als der Bote von „Friede und Sicherheit" darstellen werde.[4] Hier stehen wir vor der paradoxen Seite

[3] De civitate Dei IV 4 C Chr XLVII 101: Remota itaque iustitia quid sunt regna nisi magna latrocinia? quia et latrocinia quid sunt nisi parva regna?

[4] 1 Thess 5,3 stellt die Herrschaft der Schlagworte „Friede und Sicherheit" als Zeichen des unmittelbar bevorstehenden Endes dar, verbindet dies allerdings nicht mit der

unseres Themas: Was sich als endgültiger Friede ausgibt, kann vielleicht gerade die totale Zerstörung des Friedens sein.

2. Begründung und Gestaltung des Rechts

Der Kern unserer gegenwärtigen Probleme ist beim dritten Aspekt der Krise sichtbar geworden, und hier wird auch deutlich, wie eng Religion mit Friede und Gerechtigkeit zusammenhängt. Es hat sich gezeigt, daß sich heute der Friede in den Völkern auflöst, weil das Einverständnis darüber zerfällt, was Recht und was Unrecht ist. Was eine Gesellschaft zusammenhält und ihr Frieden gibt, ist das Recht. Daß Friede zwischen den Völkern immer wieder durch Krieg gebrochen wurde, hängt mit dem Fehlen eines wirksamen internationalen Rechts zusammen, das nicht bloß eine Gesellschaft im inneren ordnet, sondern auch unter den Völkern gemeinschaftlich als ihr verbindliches Maß anerkannt wird, dem sie sich beugen, ob es Vorteil oder Nachteil bedeutet. Wenn aber Recht keine gemeinsam anerkannten Inhalte mehr hat, dann wird es kraftlos, dann verblaßt der Unterschied zwischen Rechtsgewalt und Unrechtsgewalt; dann werden die Träger der Rechtsgewalt zu „Bullen" und die der Unrechtsgewalt zu Vertretern der Freiheit. Recht, das sich nicht mehr ausweisen kann, erscheint als Willkür, und was übrigbleibt, ist Gewalt: Homo homini lupus.

Deswegen ist die Friedensfrage mit der Frage nach dem Recht praktisch identisch, und die wahre Überlebensfrage der Menschheit ist darum die Frage nach den Gründen und nach

Gestalt des Antichrist. Die spätere Reflexion hat diesen Zusammenhang, wie mir scheint, sachlich durchaus zu Recht, hergestellt; am eindringlichsten Solowjew in seiner Erzählung vom Antichrist. Solowjews Antichrist ist der Verfasser eines in der ganzen Welt beachteten Buches mit dem Titel „Der offene Weg zu Frieden und Wohlfahrt in der Welt". In dem Manifest, das er nach seiner Proklamation zum Weltherrscher erläßt, heißt es: „Völker der Erde! Die Verheißungen haben sich erfüllt! Der Weltfriede ist auf ewig gesichert..." Wichtig auch die eindringliche Interpretation der Antichrist-Überlieferungen bei: J. Pieper, Über das Ende der Zeit. Eine geschichtsphilosophische Betrachtung (München 1980^3) 113-136.

den wesentlichen, unmanipulierbaren Inhalten des Rechts. Wo und wie aber kann man darauf Antwort finden? Oder fragen wir lieber umgekehrt: Warum ist uns die Evidenz des Unterschieds zwischen Recht und Unrecht verlorengegangen? Warum ist beides ununterscheidbar geworden? Diese Fragen nötigen uns, nach den wesentlichen Formen der Rechtsbegründung und der Rechtsgestaltung in der neuzeitlichen Welt zu fragen; auch dies kann natürlich wieder nicht in der Form einer historischen Analyse geschehen, sondern nur in dem Versuch, einige bestimmende Züge in den Blick zu bringen. Ich sehe deren drei.

a) Authoritas - Utilitas

Da ist zunächst das berühmte Wort des Thomas Hobbes: Authoritas, non veritas facit legem.[5] Die sokratische Frage danach, was über alle Traditionen und Rechtssetzungen hinaus in Wirklichkeit, in sich selbst und der inneren Wahrheit der Dinge nach, Recht oder Unrecht sei, wird als nicht funktional beiseite getan.[6] Das Gesetz findet seine Begründung nicht in einer unterscheidbaren Wirklichkeit des Rechten oder des Unrechten, sondern in der Autorität dessen, der es setzen kann. Es entsteht durch Setzung, nicht anders. Seine innere Deckung ist also die Macht der Durchsetzung, nicht die Wahrheit des Seins. Dieser Satz konnte zunächst der Autonomisierung der politischen Herrschaft gegenüber den verschiedenen Ordnungsmächten des Mittelalters dienen. Er konnte den Anspruch der absolutistischen Monarchien begründen. Er kann aber auch zum Grundsatz des Rechtspositivismus werden, wie er sich seit dem 19. Jahrhundert weithin etabliert hat. Die Folgen sind weitreichend: Nun kann die eine Regierung zu Recht erklären, was die nächste zu Unrecht ma-

[5] M. Mettner, Frieden, in: P. Eicher (Hg.), Neues Handbuch theologischer Grundbegriffe I (München 1984) 404–431, hierzu 421; vgl. zu Hobbes: H. Maier, Hobbes, in: Maier-Rausch-Denzer, Klassiker des politischen Denkens I (München 1969³) 351-375.

[6] Noch immer bedeutend für das Wesen und die bleibende Geltung des sokratischen Fragens R. Guardini, Der Tod des Sokrates (1. Aufl. Berlin 1943, Neudruck Mainz-Paderborn 1987). Vgl. auch H. Kuhn, Der Staat (s. o. Anm. 2) 24ff.

chen wird. Inzwischen ist dies im Bewußtsein eines großen Teils der heutigen Parlamentarier, also der rechtssetzenden „authoritas" dahin abgewandelt, daß das Recht die in der Gesellschaft tatsächlich bestehenden Werturteile zu spiegeln und in Normen umzusetzen habe. Wenn auf solche Weise die Mehrheitsmeinung zur eigentlichen Rechtsquelle und zum inneren Maß der „authoritas" wird, ist das Paradox um nichts gemindert: Der heute Verurteilte kann sich als Pionier des Rechts von morgen verstehen und sich dementsprechend auch berechtigt fühlen, alle Mittel anzuwenden, um der Zukunft zum Durchbruch zu verhelfen, als deren Träger er sich weiß. Wenn Wahrheit so unzugänglich ist, wie es hier vorausgesetzt wird, gibt es den Unterschied von Recht und Unrecht in Wirklichkeit nicht, also auch nicht den Unterschied von Rechtsgewalt und Unrechtsgewalt, sondern nur die Durchsetzung der augenblicklich stärkeren Gruppe, die Herrschaft der Mehrheit.

Diesem Begriff von Recht entspricht eine Idee des Friedens, die man auf die Formel bringen könnte: Utilitas, non veritas facit pacem (Nutzen nicht Wahrheit schafft Frieden). Solchen Gedanken, die man besonders bei Adam Smith entwickelt finden kann, hat auch Immanuel Kant in seiner Schrift vom ewigen Frieden Raum gegeben: „Es ist der Handelsgeist, der mit dem Kriege nicht zusammenbestehen kann, und der früher oder später sich jedes Volks bemächtigt. Weil nämlich unter allen der Staatsmacht untergeordneten Mächten (Mitteln) die Geldmacht wohl die zuverlässigste sein möchte, so sehen sich die Staaten ... gedrungen, den edlen Frieden zu befördern und, wo auch immer in der Welt Krieg auszubrechen droht, ihn durch Vermittlungen abzuwehren, gleich als ob sie deshalb in beständigem Bündnisse ständen."[7] Dem Sinne nach geht es hier darum, den Egoismus als die stärkste und verläßlichste

[7] Zum ewigen Frieden. Erster Zusatz: B 65, 66; in der von mir benützten Ausgabe der Darmstädter Buchgesellschaft Bd. VI (1964) 226. Vgl. H. Kuhn, a.a.O. 351ff.; M. Mettner, a.a.O. 422. Selbstverständlich beanspruchen diese Hinweise nicht, eine Darstellung und Wertung der ganzen, sehr viel reicheren und tiefer gehenden Friedensidee des Königsberger Philosophen zu bieten.

Kraft des Menschen - die Kraft, der die Konflikte entspringen, nun zum eigentlichen Instrument des Friedens zu machen, weil gerade vom Standpunkt des Egoismus her Friede nützlicher ist als Krieg. Realistische Politik wird diesen Gesichtspunkt zweifellos in Anschlag bringen müssen und in ihm ein friedensstiftendes Element finden. Daß es allein nicht ausreicht, um den ewigen Frieden zu bauen, hat die Zeit nach Kant hinlänglich erwiesen.

b) Trias der Grundrechte - Ambivalenz der Menschenrechtslehre

Die beiden eben genannten Motive „authoritas" und „utilitas" stellen sich ins postmetaphysische Zeitalter; sie suchen Recht und Frieden zu begründen in einer Situation, in der die Unerkennbarkeit des Wahren und die Unfähigkeit des Menschen zum Guten unwiderrufliche Gewißheit geworden zu sein scheinen. Diesen beiden nachmetaphysischen Ideen, deren politische Wirksamkeit offenkundig ist, steht aber ein starker metaphysischer Strom entgegen, der gerade heute wieder mächtig hervortritt; ich meine die von John Locke in seinem Second Treatise of Government (1690) begründete Trias der Grundrechte: Leben, Freiheit, Eigentum. Im Hintergrund steht die Magna Charta, die Bill of Rights und letztlich die naturrechtliche Tradition.[8] Ganz eindeutig wird hier die Vorgängigkeit des Rechts der Person vor den Rechtssetzungen des Staates reklamiert. Bei Locke ist die Formulierung der Menschenrechtslehre deutlich gegen den Staat gerichtet; ihr Sinn ist revolutionär. Von da aus ist es nicht verwunderlich, daß die Aufklärung lange vor Marx auch einen revolutionären Strom entwickelte und die alte Lehre vom gerechten Krieg nun in

[8] Wichtig hierzu und zum Folgenden H. Kuhn, a.a.O. 262-266; vgl. ferner E.-W. Böckenförde - R. Spaemann (Hg.), Menschenrechte und Menschenwürde (Stuttgart 1987), bes. den Beitrag von G. Stourzh, Die Begründung der Menschenrechte im englischen und amerikanischen Verfassungsdenken des 17. und 18. Jahrhunderts, 78-90.

eine Lehre vom Kampf für den ewigen Frieden umwandelte, der in der Weise des Weltbürgerkriegs zu führen sei.[9] Damit ist die Ambivalenz auch der Menschenrechtslehre angedeutet: Wo der Freiheitsbegriff hypertrophiert und der Staat wesentlich als Feind angesehen wird, wird die Friedensfähigkeit zerstört. In seinem gesunden Kern aber ist und bleibt die Idee der Menschenrechte ein Schutzwall gegen den Positivismus und ein Führer zur Wahrheit: Es gibt das, was an sich recht ist, und dies ist das wahrhaft Verbindende, weil es aus unserem gemeinsamen Wesen kommt.

Der Versuch, die Wurzeln der Krise von Gerechtigkeit und Friede aufzudecken, ist damit zugleich zu einem Hinweis auf das geworden, was heilen könnte. Recht kann nur dann wirksame Kraft des Friedens sein, wenn sein Maß nicht in unseren Händen steht. Das Recht wird von uns geformt, aber nicht geschaffen. Anders ausgedrückt: Rechtsbegründung ohne Transzendenz gibt es nicht. Wo Gott und die von ihm gesetzte Grundform menschlicher Existenz aus dem öffentlichen Bewußtsein verdrängt und ins Private, bloß Subjektive abgeschoben wird, löst sich der Rechtsbegriff auf und damit das Fundament des Friedens.

3. Was Kirche tun kann und muss – was sie weder kann noch darf

Damit sind wir von selbst beim dritten Teil unseres Themas angelangt, bei dem Beitrag, den Religion für den Frieden leisten kann und soll. Warum ich als Subjekt von Religion hier konkret Kirche setzen will, habe ich oben schon angedeutet. Ich denke, man müsse unterscheiden zwischen dem, was Kirche für den Frieden tun kann und muß, und dem, was sie weder kann noch darf.

[9] Vgl. M. Mettner, a.a.O. 422f.

a) Überlieferung und Schutz der Grundmaße

Die erste Aufgabe der Kirche in diesem Bereich besteht darin, daß sie von ihrer heiligen Überlieferung her die Grundmaße der Gerechtigkeit gegenwärtig hält und sie der Willkür der Macht entzieht. Sie muß, was die großen Gründer gesehen und gesagt haben - was Jesus und seine Zeugen sahen und sagten -, durch die Zeiten tragen als ein großes, dem Menschen gegebenes Licht. Sie muß dieses Licht auf die Fragen der jeweiligen Gegenwart beziehen und das ihr gegebene Wort zur Antwort auf die Probleme einer Epoche werden lassen. Sie muß Überzeugung schaffen und den Menschen helfen, daß sie mit Jesus und durch ihn sehen können, was sie aus Eigenem nicht zu sehen vermöchten. Sie muß helfen, daß im Widerstreit zwischen utilitas und veritas, zwischen „authoritas“ und veritas die Wahrheit nicht versinkt. Dem Menschen ist das Organ für die Wahrheit so gut gegeben wie das Organ für die Nützlichkeit. Nützlichkeit ist nichts Schlechtes, aber absolut gesetzt wird sie zur Kraft des Bösen, weil Nützlichkeit sich selbst aufhebt, wenn sie die Wahrheit außer acht läßt. Das Gleiche gilt für „authoritas“. Aber das Organ für den Nutzen und das Organ für die Macht ist lauter und in seiner Auswirkung unmittelbarer als das Organ für die Wahrheit. Deshalb braucht das Organ für die Wahrheit Nachhilfe, es braucht Unterstützung. Das müßte Aufgabe der Kirche sein - diesem sonst allzu leicht niedergetretenen Sinn die nötige Kraft zu geben.

Demnach ist der Auftrag der Kirche in diesem Bereich vor allem „Erziehung“ - das Wort in dem großen Sinn genommen, in dem die griechischen Denker es formuliert haben. Sie muß den Kerker des Positivismus aufbrechen, die Empfänglichkeit des Menschen für die Wahrheit, für Gott und damit die Kraft des Gewissens erwecken. Sie muß den Mut zum Leben nach dem Gewissen geben und so den schmalen Grat zwischen Anarchie und Tyrannei gangbar halten, der zugleich der schmale Weg des Friedens ist. Sie muß in der Gesellschaft jene Überzeugung schaffen, die gutes Recht tragen kann. Denn wenn wir vorhin die Mehrheitsanschauung als entscheidende Rechtsquelle ausdrücklich abgelehnt haben, so ist doch klar, daß nichts auf Dauer wirksames Recht bleiben kann, was nicht auch eine Art von öffentlicher Evidenz besitzt. Unter diesem Betracht muß es freilich als höchst bedenklich erscheinen, daß die moderne Rechtssprechung ganz offensichtlich sittliche und religiöse Werte nicht mehr als schützenswerte Rechtsgüter ansieht, sondern nur noch die emanzipatorische Freiheit des einzelnen und die materiellen Güter als der Verteidigung bedürftig zu betrachten scheint. Ebenso gilt in der Kirche, daß kaum noch jemand Glauben als schützenswertes Gut ansieht, jedenfalls nicht, wenn er in Konflikt mit individueller Freiheit oder mit öffentlicher Meinung kommt.

b) Verzicht auf direkte politische Aktion

Neben dieser Primäraufgabe Überzeugung zu schaffen, Gewissen zu bilden und von innen her Gemeinschaft, einen Raum des Friedens zu formen, steht die Sendung des kirchlichen Amtes, auch öffentlich - mit der Deckung der Überzeugung ihrer Gläubigen - in die Fragen der Zeit hineinzusprechen und Ratgeber des Friedens zu sein. Diese Aufgabe wird heute mit großer Leidenschaft aufgenommen. Neben den klassischen Instanzen kirchlichen Redens bilden sich Kommissionen und Institutionen aller Art, die sich mit Leidenschaft der Friedensfrage annehmen und zu ihr das richtige Wort zu sagen versuchen. Nicht alles, was auf solche Weise ans Licht kommt, ist erleuchtet. Aber das Bemühen als solches entspricht ohne Zweifel einem wirklichen Auftrag der Kirche. Nur muß sie sich dabei gegenwärtig halten, daß ihr die Quellen des Rechts zum Hüten anvertraut sind, aber daß sie über keine spezifische Erleuchtung für die konkreten politischen Fragen verfügt. Sie darf sich nicht als alleiniger Träger der politischen Vernunft hinstellen. Sie zeigt der Vernunft Wege, aber deren eigene Verantwortung bleibt.

Dies alles findet seinen Zusammenhalt in dem innersten und zugleich menschlichsten Auftrag der Kirche - dem Auftrag, den Frieden zu tun, nicht nur zu sagen - im Werk der Liebe. Kein staatliches Sozialsystem kann die spontanen und die organisierten Formen christlicher Liebe ersetzen, ja es verfällt von innen her, wenn es nicht mehr die Inspiration der aus dem Glauben kommenden Liebe empfängt. Die Treue der Kirche zu ihrem Wesen zeigt sich in ihrer Fähigkeit, Menschen in der Berufung zur Liebe zu tragen, die Berufung der Liebe zur Reife zu führen und ihr gemeinschaftlich gelebte Gestalten zu geben. Aus der Kraft der Liebe heraus muß die Kirche den Armen, den Kranken, den Verlorenen, den Unterdrückten dienen; sie muß im Gefängnis ebenso gegenwärtig sein wie im seelischen und körperlichen Leid bis in den dunklen Weg des Todes hinein. Sie muß in den Zonen des Unfriedens, die es in der Menschheit immer gegeben hat und immer geben wird, Kraft des Überlebens geben und mit der Fähigkeit des Verzeihens die Fähigkeit zum neuen Anfang erwecken. Nur wer vergeben kann, kann Frieden bauen und erhalten.[10]

Mit alledem zeichnet sich nun auch ab, wo die Grenzen des Auftrags der Kirche und ihrer Möglichkeiten liegen. Sie kann den Frieden nicht erzwingen. Sie hat es in der Vergangenheit nicht gekonnt, und sie wird es auch in Zukunft nicht können. Sie darf sich nicht in eine Art von politischer Friedensbewegung umwandeln, in der das Erreichen des ewigen Weltfriedens zu ihrem eigentlichen Daseinszweck würde. Deswegen ist das geplante „Friedenskonzil" der Religionen vom Wesen der Kirche her eine Unmöglichkeit. Die Vertreter der Kirche haben keine Legitimation zu direkt politischen Aktionen; sie haben dazu keinen Auftrag erhalten, von ihren Gläubigen nicht und erst recht von ihrem Herrn her nicht. Eher schon müßte man sagen, daß der Versuch, über eine Art Weltunion der Religionen das Weltreich des Friedens herbeizuführen, in bedenkliche Nähe zu der dritten Versuchung Jesu führt: Alle Reiche der Erde will ich dir

[10] Zum Zusammenhang von Friede und Vergebung eindringlich H. Schlier, Der Friede nach dem Apostel Paulus, in: ders., Der Geist und die Kirche (Freiburg 1980) 117-133, bes. 133.

geben, wenn du niederfällst und mich anbetest (vgl. Mt 4, 9).[11] Denn in dieser Konzeption wird fast unvermeidlich der Weltfriede als solcher zum Summum bonum, dem sich alle unterwerfen und für dessen Erreichung alle anderen religiösen Inhalte und Akte nur noch Mittel sind. Ein Gott aber, der zum Mittel für vermeintlich höhere Ziele wird, ist nicht mehr Gott; er hat sein Gottsein in Wirklichkeit an das Höhere abgegeben, zu dessen Herbeiführung er dienen muß. Daß ein so hergestellter Friede sich seinem Wesen nach entweder ins Totalitäre eines allein zulässigen Denkens zu verwandeln oder aber in den Weltbürgerkrieg umzuschlagen droht, liegt auf der Hand.

c) Zeugnis und Dienst der Liebe

Die Kirche tut demnach für den Frieden nicht mehr, sondern weniger, wenn sie die ihr eigene Ebene des Glaubens, der Erziehung, des Zeugnisses, des Rates, des Gebetes und der dienenden Liebe verläßt, um sich dafür in eine direkte politische Aktionsgemeinschaft zu verwandeln. Sie schneidet damit den Zugang zu den Quellen ab, aus denen immer neu die Kräfte des Friedens und der Versöhnung kommen können. Gerade weil das Äußerste für den Frieden getan werden muß, muß die Kirche ihrem spezifischen Wesen treu bleiben. Nur wenn sie ihre Grenzen achtet, bleibt sie grenzenlos, und nur dann kann ihr Dienst der Liebe und des Zeugnisses ein Anruf an alle werden. Was die Kirche letztlich zum Frieden beizutragen hat, finde ich überzeugend formuliert in Worten von Metropolit Damaskinos, die ich mir uneingeschränkt zueignen kann und mit denen ich daher schließen möchte: „...Über ihren sozialen Dienst hinaus

[11] J. Pieper, a.a.O. (s.o. Anm. 4) 123, zitiert in ähnlichem Zusammenhang den Satz: „Eine Weltorganisation könnte die tödlichste und unüberwindlichste aller Tyranneien, die endgültige Herrschaft des Antichrist bringen.“ 124: „Die Kehrseite des in einem Weltstaat freilich erreichten Kantischen Ideals, daß es eigentliche ‘äußere Kriege’ nicht mehr gäbe, würde sein, daß an die Stelle von Krieg Polizeiaktionen träten, die durchaus den Charakter von Schädlingsbekämpfungen annehmen könnten." Vgl. H. Kuhn, a.a.O. 355: „Als Kirche der Märtyrer ist die Kirche am meisten sie selbst. Aber als Organisation zur Verbrüderung der Menschheit scheitert sie an der irdischen Vormacht der Politik.“

muß - meiner bescheidenen Meinung nach - der Beitrag der orthodoxen Kirche zu Friede, Freiheit, Gerechtigkeit und Brüderlichkeit unter den Völkern in einem Zeugnis der Liebe bestehen... Die Rolle der Kirche kann dabei mit keiner Art von politischer Strategie oder Opportunität der Autoritäten oder der Regierungen identifiziert werden, unter denen ihre Völker leben. In diesem Kontext ist der Spielraum für Initiative und Aktion der orthodoxen Kirchen eng; ihr Zeugnis und ihre Anwesenheit bringen Gefahren mit sich, die die Verantwortlichen bis zum Martyrium führen können... Aber gerade diese martyriumsbereite Liebe ist es, die letztlich den Willen der orthodoxen Kirchen festigen wird, damit sie in Zusammenarbeit mit den Brüdern der anderen christlichen Kirchen und Konfessionen heute ihr Zeugnis geben können - das Zeugnis von Glaube und Liebe, in einer Welt, die dessen vielleicht mehr denn je bedarf."[12]

[12] Metropolite Damaskinos Papandreou, Contribution de l'Eglise orthodoxe à la réalisation des idéaux chrétiens de paix, de liberté, de fraternité et d'amour entre les peuples, et la suppression des discriminations raciales, in: Weisheit Gottes - Weisheit der Welt. Festschrift für J. Ratzinger (St. Ottilien 1987) Bd. II 1333-1343, Zitat 1342f.

III. Glaube und soziale Verantwortung

Vorbemerkung. Die Verleihung des großen Leopold-Kunschak-Preises, der mir zu meiner Überraschung und Freude am 9. März 1991 zuerkannt wurde, war für mich Anlaß, mir über meine eigenen Beziehungen zu den Fragen der katholischen Soziallehre Rechenschaft abzulegen und dabei zugleich eine grundsätzliche Aussage zum Zusammenhang von Glaube und sozialer Verantwortung zu versuchen. Mein eigener theologischer Ausgangspunkt war ja scheinbar von dieser Fragestellung sehr weit entfernt gewesen; daß diese Entfernung aber nur scheinbar bestand, ist mir in der Rückschau immer deutlicher geworden.

1. Glaubensbegründung und soziale Relevanz des Glaubens

Als ich unmittelbar nach dem Ende des zweiten Weltkriegs mein Theologiestudium begann, trieb mich entscheidend die Frage nach der „ratio spei" um, die Frage nach der Vernunft unserer Hoffnung, wie es der erste Petrusbrief (3, 15) in einem Wort ausdrückt, das im Mittelalter mit Recht als Grundlegung der Theologie überhaupt verstanden wurde. Die Vernunft unserer Hoffnung müssen wir nach dem Wort des Apostels so in uns tragen, daß dieser Logos zur Apologie werden kann: Das Wort der Hoffnung will Antwort werden auf die Frage des Menschen, der sucht, wo Hoffnung sei, und der den Grund des Hoffen-Dürfens verstehen will. In diesem inhaltsträchtigen neutestamentlichen Wort ist der wesentliche Vorgang aller Theologie beschrieben, aber in besonderer Weise trifft es doch auf jenen Ausschnitt des theologischen Bemühens zu, der den Grund, das Fundament des Glaubens und seines Hoffens ergründen, den Glauben verantworten will - eine Disziplin, die man von der griechischen Vokabel für Antwort (Apologia) her zunächst als Apologetik und dann von der Frage nach dem Grund her als Fundamentaltheologie bezeichnet hat.

Das Warum unseres Glaubens und die Mitteilbarkeit seiner Hoffnung, seiner Sinngebung unseres Lebens, waren die Fragen, denen ich mich beim Beginn meines Studiums vor allem zuwenden wollte und der Grund, weshalb ich mich für die Spezialisierung im Fach Fundamentaltheologie entschied. Die so gestellte Frage zielt auf die Wurzel des Glaubens. Aber sie ist keineswegs weltlos. Denn als der Haupteinwand gegen das Christentum erschien mir seine scheinbare Erfolglosigkeit in der Umgestaltung der Welt und des Menschen. Im 20. Jahrhundert nach Christus waren Nationalsozialismus und Kommunismus zur Herrschaft gekommen und legten ein Gegenzeugnis gegen den Erlöser der Welt ab, das mir zwar in keinem Augenblick einleuchtend oder gar verlockend erschien, das aber doch auf seine negative Weise den Glauben auf eine schwere Probe stellte: In zwanzig Jahrhunderten christlicher Verkündigung war offenbar die Welt nicht besser geworden, denn die Greuel, die nun geschahen, blieben an Schrecklichkeit hinter denen vorchristlicher Zeiten zumindest um nichts zurück. Konnte man die Jahre seit Christus wirklich noch „Jahre des Heils" nennen? Hatten wir nicht schreckliche Unheilsjahre hinter uns, und mußten wir nicht womöglich noch schlimmerer gewärtig sein?

Vierzig Jahre später fand ich die Fragen, die mich damals bewegten, in aller Schärfe formuliert bei Julien Green, freilich mit einer Antwort, die ich nicht teilen kann. Am Ende seines Franziskus-Buches schreibt der große Schriftsteller: „Der Zweite Weltkrieg traf mich innerlich wie ein Keulenschlag... Die Welt, die sich bekämpfte, erschien mir grauenhaft, und in meinem Inneren bildete sich langsam die Vorstellung heraus, daß das Evangelium gescheitert war. Christus selbst hatte sich gefragt, welchen Glauben er bei seiner Wiederkunft auf dieser Erde antreffen würde. Die Seelen, die er angerührt und an sich gezogen hatte, wirkten wie ein paar Versprengte in diesem von Narren entfesselten Sturm. Fast in der Mitte zwischen der ersten

Weihnacht und der Hölle, in der die Menschheit sich jetzt zerfleischte, war ein anderer Christus auf Erden erschienen, der Franziskus von Assisi meiner Jugend. Auch er war gescheitert. War er wirklich gescheitert? Es schien nur so... Er war überzeugt, daß durch das Evangelium das Heil kommen werde. Das Evangelium war die Ewigkeit. Das Evangelium begann erst. Was waren denn zwanzig Jahrhunderte in den Augen Gottes?"[1]

2. Die zwei Wege der Theologie nach dem Zweiten Weltkrieg

a) Glaube als Entweltlichung

Ich habe keinen Augenblick geglaubt, daß die Apologie des Evangeliums im Hinweis auf seine erst noch kommende Wirkung bestehen könne. Dagegen müßte dann wirklich der Einwand von Karl Marx gelten, es habe genug Zeit gehabt, seine Möglichkeiten zu erproben. Aber die Frage, welcher Art die Verheißung des Evangeliums für diese unsere Geschichte ist, was es uns verspricht und was nicht - diese Frage war und bleibt unausweichlich: sie mußte im Kern einer „Apologie der Hoffnung" stehen. Insofern gehört das Problem der sozialen Verantwortung des Glaubens zum Zentrum der fundamentaltheologischen Aufgabe. Freilich, im theologischen Kontext der frühen Nachkriegszeit war sie auf eine merkwürdige Weise entschärft. Der politische Katholizismus der Zwischenkriegsperiode war mit dem Heraufziehen des Dritten Reiches gescheitert und konnte nicht wiederkehren. Vom Geist der Jugendbewegung her bestand auch Skepsis gegen Verbände und Organisationen aller Art. Der Glaube war 1933 zunächst mit Gewalt aus der politischen Verantwortung verdrängt worden und hatte dann gerade in dem Zwang zu einer rein religiösen Gestalt neue Kraft und

[1] J. Green, Bruder Franz (Freiburg 1984) 416.

Tiefe empfangen. Der Verlust der Macht hatte ihm genützt. Er war reiner geworden. Seine eigene, durch nichts zu ersetzende Hoffnung, war gerade in den Stätten der irdischen Hoffnungslosigkeit, im Grauen der Konzentrationslager und in den Gerichtshöfen der herrschenden Machthaber, in ihrer unzerstörbaren Größe hervorgetreten. So wollte man jede neue Verquickung des Glaubens mit der politischen Ebene vermeiden. Der Wille zu einer rein religiösen Verwirklichung des Evangeliums bestimmte die Richtung der Theologie, während freilich - wie sich gleich zeigen wird - im politischen Raum durchaus ein waches Wissen um die weltliche Verantwortung des Glaubens bestand.

Bezeichnend für die Erfahrung, die man gemacht hatte und die nun den Weg wies, scheint mir die Auseinandersetzung Romano Guardinis mit Carl Sonnenschein im Berlin der zwanziger Jahre zu sein. Guardini kennzeichnet die Position Sonnenscheins in seinen Erinnerungen so: „Sonnenschein hatte tief in der modernistischen Bewegung gestanden. Als dann für ihn die Krise kam, hat er sich nicht nur von ihr gelöst, sondern er muß auch den theologischen Problemen überhaupt den Abschied gegeben haben. In Berlin war sein Standpunkt: 'Wir sind in einer belagerten Stadt, darin gibt es keine Probleme, sondern nur Parolen.' Die Formel mag Eindruck machen, ist aber falsch... Echte Praxis ... das heißt, richtiges Handeln, geht aus der Wahrheit hervor. Und um die muß gerungen werden."[2]

Seine eigene Position, die damit in ihrem Kern umrissen ist, formuliert Guardini weiter so: „Je länger, desto weniger ging es mir ... um unmittelbare Wirkung. Was ich von Anfang an, erst instinktiv, dann immer bewußter gewollt hatte, war, die Wahrheit zum Leuchten zu bringen. Die Wahrheit ist eine Macht; aber nur dann, wenn man von ihr keine unmittelbare Wirkung verlangt."[3]

In diesen Sätzen des großen Lehrers scheint mir der richtige Kern einer neuen Unterscheidung von Weltordnung

[2] R. Guardini, Berichte über mein Leben. Autobiographische Aufzeichnungen (Düsseldorf 1984) 111.

[3] ebd. 109.

und Glaube wie auch der Kern einer richtigen Praxeologie, einer rechten Verhältnisbestimmung von Glaube und Praxis durchaus treffend angezeigt. Aber die Positionen der frühen Nachkriegszeit gingen weiter und entfalteten zunächst den Ansatz konkreter Weltverantwortung kaum, der in Guardinis Auffassung durchaus gelegen ist, wie die weitere Entwicklung seines Denkens zeigte. Das neue Stichwort lieferte Bultmann, der dabei Heidegger als Instrument für die Interpretation der biblischen Offenbarung aufzunehmen versuchte; es lautete: Entweltlichung. Aus diesem Programm entwickelte sich eine merkwürdig dualistische Position, die bis heute weiterwirkt: Der christliche Glaube, selbst als Entweltlichung gedeutet, ziele nicht auf die Heiligung der Welt, sondern auf ihre Verweltlichung ab. Er sei Freigabe der Welt in ihre Weltlichkeit hinein, gewollte Desakralisierung. In der fortschreitenden Emanzipation der Welt vom Religiösen verwirkliche sich genau die innere Entwicklungslinie des Christlichen selbst. Nichts wäre also verfehlter, als eine christliche Gesellschaft schaffen zu wollen. Je radikaler weltlich die Welt werde, um so besser sei es. Christliches Handeln in der Welt könne nicht darin bestehen, der Gesellschaft christliche Ordnungsmuster mitzuteilen, sondern zeige sich im Gegenteil im Verzicht auf solche Vermischungen von Glaube und Welt. Als eines der jüngsten Beispiele für das Weiterwirken solcher Positionen kann man das Buch französischer Theologen „Le rêve de Compostelle“ ansehen, das in Reaktion auf das Jugendtreffen zu Santiago de Compostela den Papst eines rückwärts gewandten Romantizismus beschuldigt, dem es um eine Wiederherstellung der Christenheit zu tun sei. Das Gegenteil müsse man wollen.[4] Entweltlichung und Verweltlichung gehen in dieser Konzeption Hand in Hand und bringen merkwürdige Paradoxien hervor. Gerade Vertreter des rein religiösen Weges tendierten zum Einsatz in marxistischen Parteien, offenbar um das Christentum in die reine Unweltlich-

[4] R. Luneau - P. Ladrière (Hg.), Le rêve de Compostelle. Vers la restauration d'une Europe chrétienne? (Centurion Paris 1989).

keit abzudrängen. Politische Neutralität war in eine paradoxe neue politische Aktivität umgeschlagen.

In der ersten Nachkriegszeit ließen sich freilich diese dialektischen Sprünge einer neuen Zuwendung zur religiösen Mitte noch kaum voraussehen. Im Gegenteil, nach dem Scheitern des antichristlichen Wahnsinns war dies die große Stunde christlicher Politiker. Der neue Aufbau vollzog sich ganz bewußt von den sittlichen Prinzipien des Christentums her und damit einerseits in Unabhängigkeit von kirchlichen Anordnungen, in der sachgerechten Eigenständigkeit des Staates, aber andererseits in bewußter Bindung an die geistige Mitte des Glaubens selbst. Seine soziale Verantwortung war die entscheidende Weisung an das Gewissen einer Generation von Politikern, die wir als Väter eines neuen Europa nur dankbar nennen können: Adenauer, Schuman, de Gasperi, de Gaulle, aber auch Männer wie Raab, Figl oder Kunschak.

b) Glaube als Politik

Das Konzept der weltlichen Welt, das ich als manichäischen Irrweg bezeichnen möchte, mußte über kurz oder lang eine Gegenwirkung hervorrufen, die noch in den sechziger Jahren zunächst in der Form der politischen Theologie und dann in der Gestalt der Befreiungstheologie mit ihren vielfältigen Varianten hervortrat. Das Phänomen ist zu bekannt, als daß ich es weiter beschreiben müßte. Ein kurzer Hinweis auf einen zentralen Begriff mag genügen. Die Exegese hatte seit langem darauf aufmerksam gemacht, daß „Reich Gottes" der Zentralbegriff der Verkündigung Jesu gewesen sei. In der seit Albert Schweitzer und dann durch Bultmann philosophisch und theologisch vertieften radikal-eschatologischen Auslegung der Gestalt Jesu bedeutete dies, daß Jesus nichts Innerweltliches zu sagen habe, sondern nur auf das „ganz andere" hinweise. Das Programm von Entwelt-lichung und Verweltlichung antwortete auf diese Sicht. Nun aber wandelte sich im Angesicht des wachsenden sozialen Elends und der unausweichlichen christlichen Verantwortung diese Auslegung in ihr Gegenteil. Das „Reich" ist heute das zentrale Stichwort aller Spielarten von Befreiungstheologie. Bezeichnend ist, daß man nun - ohne Gott zu erwähnen - schlichtweg vom „Reich" spricht, unter dem man jetzt die ideale menschliche Gesellschaft versteht. Ziel des Glaubens und Aufgabe aller Theologie sei es, an der Herbeiführung des „Reichs" zu arbeiten. Das Zentralwort des Glaubens wird zu einem politischen Begriff, zu einem Ausdruck für die Zielsetzung aller guten Politik. Der Glaube selbst wird damit zur politischen Ideologie. Die Politik hat den Glauben aufgesogen.

3. Die soziale Verantwortung des Glaubens

Zwischen diesen beiden Extremen, die sich im übrigen vielfach zu einer merkwürdigen Allianz verbunden haben, steht heute die Frage nach der sozialen und politischen Verantwortung des Glaubens. Sie ist in dieser Konstellation tatsächlich zum zentralen Punkt aller fundamentaltheologischen Bemühung geworden, bei dem nicht mehr und nicht weniger auf dem Spiel steht als die Frage, ob wir als Glaubende hoffen dürfen und was nun eigentlich Inhalt unserer Hoffnung sei. Im letzten Abschnitt meiner Überlegungen möchte ich dazu nur noch ganz kurz die Perspektive einer Antwort entwerfen.

Dabei will ich die Frage nach der sozialen Verantwortung des Glaubens paradigmatisch von einem alttestamentlichen Wort aus angehen, das im Neuen Testament zu einem zentralen christologischen Text geworden ist und uns die Einheit der Testamente in der rechten Weise zu verstehen lehrt. Am richtigen Verständnis des Verhältnisses von Altem und Neuem Testament scheint mir aber das rechte Verstehen unseres Problems, ja, das angemessene Verstehen des christlichen Glaubens überhaupt zu liegen. Die gegensätzlichen Positionen, die ich in meinem zeitgeschichtlichen Rückblick zu skizzieren versucht habe, beruhen auf ihrem Mißverstehen dieses Verhältnisses.

Harnack, der Christi Botschaft als streng individualistisch eingestuft und damit auf „Gesinnungsethik" im Sinn Max Webers reduziert hatte, hatte gefordert, endlich das Vermächtnis Markions zu vollziehen und das Neue Testament vom Alten zu trennen. Die Entweltlichungsposition Bultmanns beruht auf demselben hermeneutischen Ausgangspunkt. Auch Bultmann kann keine Einheit der Testamente erkennen; das Alte Testament führt für ihn nur in der Weise des Scheiterns ins Neue hinüber. Ein vom Alten Testament losgerissenes Neues Testament wird notwendig weltlos; der vom alttestamentlichen Lebenszusammenhang losgerissene Jesus wird zum bloßen Moralisten, der Gesinnungen inspirieren kann; das „Heil der Welt" steht nicht in seinem Gesichtsfeld.

Bei den radikalisierten politischen Theologien hingegen wird das Verhältnis von Altem und Neuem Testament umgekehrt: Das Neue Testament wird ins Alte zurückgenommen; Erlösung wird zum politisch gedeuteten Exodus, zum weltlichen Befreiungshandeln, und das Reich Gottes wird so zum Produkt menschlicher Befreiungstat. Damit verliert nicht nur die Christologie gänzlich ihr eigenes Gesicht. Das Alte Testament selbst büßt seine nach vorn und nach oben weisende Dynamik ein und wird auch in seiner eigenen Bewegungsrichtung umgedreht.

Aber sehen wir auf den Text hin, der dies exemplarisch anzeigen soll: das erste Gottesknechtslied Jes 42, 1-4 (5-9). Von dem Knecht, dem Erwählten Gottes, wird hier in vier Versen dreimal gesagt, daß er den Völkern „das Recht" bringt, es auf Erden begründet, wirklich das Recht gibt. Das hebräische Wort *mispat*, das die Einheitsübersetzung mit „Recht" übersetzt, gehört zu den meist gebrauchten Wörtern des Alten Testaments überhaupt; es erscheint in der hebräischen Bibel nicht weniger als 422 mal.[5] Die Bedeutungsnuancen sind dabei im einzelnen äußerst variabel. Aber sie alle bewegen sich im Bedeutungsfeld von Recht, Gerechtigkeit, Gesetz, Gericht, so daß

[5] Vgl. B. Johnson, *mispat*, in: Botterweck - Ringgren - Fabry (Hg.), Theol. Wörterbuch zum Alten Testament V 93-107, hierzu 95.

P. Uys *mispat* geradezu definieren kann als „the God-given norm to ensure a well-ordered society".[6] In die gleiche Richtung weist die Tatsache, daß es dreimal in Parallele mit *sedaqah*, Gerechtigkeit gebracht wird. Als Aufgabe des Gottesknechts, dieser geheimnisvollen messianischen Gestalt, erscheint es also, der Welt das Recht zu geben. Es verwundert nicht, daß die befreiungstheologische Interpretation der Schrift von hier aus glaubte, die Brücke zwischen Marx und Bibel schlagen zu können, da ja hier die *mispat* der Armen, das Handeln für die Herstellung der richtigen Ordnung als zentrale messianische Aufgabe erscheine.[7]

So müssen wir noch ein wenig näher zusehen, um zu verstehen, was wir in diesem Text über die Gestalt Christi und über die von ihm ausgehende Hoffnung wie den von ihm kommenden Auftrag erfahren. Der noch unbekannte Knecht erscheint in deutlicher Parallele zur Gestalt des Mose, geradezu als die Erfüllung der Verheißung: „Einen Propheten wie mich wird dir der Herr, dein Gott, aus deiner Mitte, unter deinen Brüdern, erstehen lassen. Auf ihn sollt ihr hören... Ich will ihm meine Worte in den Mund legen, und er wird ihnen alles sagen, was ich ihm auftrage" (Dt 18, 15.18).[8] Als der entscheidende Akt in der mittlerischen Wirksamkeit des Mose erscheint in der alttestamentlichen Überlieferung nicht die Herausführung aus Ägypten, sondern die Vermittlung des Gesetzes am Berg Sinai. Erst dadurch erhält der Auszug aus dem fremden Land Sinn und Beständigkeit. Denn erst dadurch ist das Volk befreit, zu einer eigenen und freien Nation geworden, daß es zu einer Rechtsgemeinschaft geworden ist. Die Unfreiheit ist die Rechtlosigkeit. Und daher ist die Gabe des Rechts der eigentliche Vollzug der Befreiung - eines Rechts, das wirklich Recht ist, nämlich rechte Ordnung im Verhältnis zueinander, im Verhältnis zur Schöpfung und im Verhältnis zum Schöpfer. Freiheit des

[6] Nach Johnson, a.a.O. 101.

[7] J. Merendino, Marx and the Bible (New York 1974) bes. 109ff.

[8] Für die Parallele mit Mose vgl. die mustergültige Auslegung durch Cl. Westermann, Das Buch Jesaja. Kap. 40 - 66, ATD 19 (Göttingen 1966) 77 - 81.

Menschen kann nur bestehen in der rechten Zuordnung der Freiheiten zueinander, und die ist nur möglich, indem sie alle an der Freiheit Gottes, an seiner Wahrheit ihr Maß nehmen. Wahres Recht, gerechtes Recht kann nur entstehen, wenn der wahre Gott recht erkannt ist und so auch der Mensch sich selbst recht erkennt und von ihm her das Sein im Mitsein ordnet. Darum war für Israel der Sinai Maß und Grund seiner Freiheit; es verlor die Freiheit je in dem Maß, indem es sich vom Recht entfernte, in die Rechtlosigkeit und damit in die Knechtschaft zurückfiel.[9]

An diesem Punkt müssen wir noch einen Augenblick innehalten. Wer Befreiung einfach mit dem siegreichen Auszug identifiziert, sieht sie als ein Ereignis der Macht an, deren Erfolg den einzelnen und das ganze Volk sozusagen automatisch in den Stand der Freiheit versetzt. Wer hingegen erkennt, daß der Kern der Befreiung in der Gabe des Rechts liegt, das aus der Zuwendung Gottes folgt, sieht damit, daß Befreiung immer an Freiheit gebunden ist und nur durch sie vermittelt werden kann. Sie ist näherhin an eine doppelte Vermittlung geknüpft: die Vermittlung durch die sich öffnende Vernunft, die sich für Gott auftut und so den Blick für Recht und Unrecht gewinnt; sie ist gebunden an die Vermittlung durch den Willen, der Erkanntes zur Tat werden läßt. Weil der Mensch in seiner geschichtlichen Existenz immer die Freiheit behält, sich diesen Vermittlungen zu versagen, ist Freiheit innergeschichtlich stets unvollendet.

Von da aus wird nun die Gestalt des neuen Mose verständlich, den der Prophet unter dem Titel „Knecht Gottes" beschreibt. Vom ersten Mose unterscheidet er sich dadurch, daß er Recht nun nicht mehr bloß Israel mitteilt, sondern es „hinausträgt zu den Völkern" (42, 1), es aufrichtet auf Erden (42, 4). Das bisher partikuläre Ereignis wird universalisiert; das Heil gilt nun der ganzen Welt, die im gemeinsamen Recht des einen

[9] Ausführlicher habe ich diese Zusammenhänge in meinem Buch "Kirche, Ökumene und Politik" (Einsiedeln 1987) .235ff. dargestellt.

Gottes gesammelt und versöhnt wird. Aber das geschieht nicht auf dem Weg der Eroberung, der Unterwerfung. „Er schreit nicht", sagt der Prophet vom Gottesknecht, um ihn vom Typ jener „Befreier" zu unterscheiden, die das Aufrichten ihrer Macht als Befreiung und Erlösung deklarieren. Ein Zug, der von der Überlieferung schon in der Gestalt des Mose immer stärker unterstrichen worden war, tritt nun beim Gottesknecht ganz deutlich hervor: Er leidet für das Recht. Er stellt dem Unrecht nicht neues Unrecht entgegen, sondern er hält es im Leiden aus und setzt ihm damit seine Grenze; er verwandelt es von innen. Nimmt man all diese Elemente zusammen, so wird deutlich, daß in der Gestalt des Gottesknechtes Gesetz und Propheten zu einer neuen Einheit zusammenfließen: Der Knecht tut, was Mose tat. Er schenkt *mispat*, er gibt das Recht von Gott her und schafft damit die Versöhnung der Freiheiten, die die einzig wahre Form menschlicher Freiheit ist. Aber dieses Recht ist nun nicht mehr Tora, sondern eben *mispat*; es ist nicht mehr ein fertig geformter, nationaler Gesetzeskörper, sondern eine offene Rechtsgestalt, die immer neu zur Synthese von Universalität und Partikularität finden muß, also auf die kommende Geschichte und ihre Herausforderungen hin offen bleibt und doch jeder Beliebigkeit das unverrückbare Maß der Wahrheit entgegenhält.

Der Gottesknecht des Jesajabuches bleibt Erwartung; er nimmt die Verheißung des „anderen Propheten" aus Dt 18 auf und entfaltet sie. Diejenigen, die Jesus begegneten, konnten gar nicht anders, als in ihm die Erfüllung dieser Hoffnung zu sehen. So steht über seiner Taufe das Einleitungswort aus dem Gottesknechtslied Jes 42, 1 - gleichsam als Überschrift des ganzen Wirkens Jesu und als vorausgehende Erklärung dessen, wer und was er ist (Mk 1, 11). Der Anspruch Jesu auf das Alte Testament ist gerade mit dieser Verknüpfung eindeutig dargestellt und auch inhaltlich in seiner Reichweite präzisiert. In ihm fließen nun wirklich Gesetz und Propheten in der eben angedeuteten Weise zusammen. Das beinhaltet aber dann, daß jede Reduktion seiner Botschaft auf Gesinnungsethik, jede individualistische oder existentialistische Deutung im Sinn der Entweltlichungsideologie am Wesen seiner Gestalt vorbeigeht. Es bedeutet ebenso, daß eine politische Interpretation Jesu, die ihn zum gescheiterten Rebellen macht, seine Gestalt vollkommen verfehlt. Jesus war nicht Barabbas und nicht Spartacus, sondern eben Jesus. Ihm gehört die ganze Konkretheit aller sozialen und rechtlichen Weisungen der Propheten zu und von ihnen her, prophetisch durchlichtet und universalisiert, das ganze Gesetz. Der Glaube an ihn reicht über das Soziale und Politische hinaus, aber er ist gerade so ein Glaube in sozialer Verantwortung. Das Soziale ist im Glauben enthalten - nicht in der Form eines fertigen Parteiprogramms, einer fertigen Strukturordnung der Welt. Es ist im Glauben enthalten gerade in der Weise der Verantwortung, das heißt auf die Vermittlung durch Vernunft und Willen verwiesen. Vernunft und Wille müssen versuchen, das vom Glauben aufgerichtete Maß der *mispat* Gottes in den wechselnden geschichtlichen Situationen zu konkretisieren und zu verwirklichen, immer in der wesentlichen Unvollendbarkeit menschlichen Geschichtshandelns, dem es nicht gegeben ist, das „Reich" aufzurichten, dem es aber aufgetragen ist, durch Recht und Liebe dem Reich entgegenzugehen. Die notwendige Vermittlung, die im Begriff der *mispat* enthalten ist, gibt zugleich auch den genauen theologischen und methodischen Ort katholischer (christlicher) Soziallehre an. Die Hoffnung des Glaubens geht immer unendlich über all unsere Verwirklichungen hinaus, sie reicht ins Ewige hinein; aber gerade daß uns diese Hoffnung geschenkt ist, gibt uns den Mut, trotz aller Unzulänglichkeiten immer neu das Ringen um eine Ordnung des Rechts aufzunehmen, das Gestalt von Freiheit ist und der Tyrannei des Unrechts einen Damm entgegenstellt.

Zweiter Teil

Diagnosen und Prognosen

I. Wege des Glaubens im Umbruch der Gegenwart*

Das Jahr 1989 hat zu dramatischen Umwälzungen in der politischen und geistigen Landschaft Europas geführt, die noch kurz vorher niemand hätte voraussagen können. Das Neuartige an dieser Revolution war, daß sie nicht durch politische oder militärische Gewalten zustande kam, sondern durch geistige Aufbrüche und Umbrüche, die den alten Machtstrukturen einfach das Fundament entzogen und sie fast über Nacht zum Einsturz brachten. So berührt dieser Vorgang nicht nur die bisher von der marxistischen Ideologie beherrschten Staaten, sondern ist weltweit in seiner Bedeutung. Er reicht über das politische Feld hinaus, zumal er selbst aus dem Metapolitischen kam und dann freilich die politische Kraft ursprünglich nicht-politischer Faktoren an den Tag brachte. Es wäre daher auch unangemessen, billige Gefühle der Genugtuung über das Scheitern der anderen zu nähren; vielmehr sind wir alle zu einer Besinnung darüber aufgerufen, auf welchen geistigen Grundlagen Wege in die Zukunft gebaut werden können und auf welchen dies nicht möglich ist. Die folgenden Überlegungen schließen sich demgemäß zwar an die politischen Ereignisse des Jahres 1989 an, aber sie sind auf das Metapolitische gerichtet, das sich dabei in seiner ganzen Dringlichkeit gezeigt hat.

* Die erste Fassung dieses Textes wurde am 16. Dezember 1989 in Rieti noch unter dem frischen Eindruck der Ereignisse in Osteuropa als Versuch einer ersten Besinnung auf Ursachen und Folgen des Geschehenen vorgetragen; die hier vorliegende Form diente am 15. Februar 1990 als Vortrag an der römischen Universität Sapienza. Anläßlich der 1400-Jahr-Feier des 3. Konzils von Toledo habe ich in Madrid am 24. Februar 1990 eine im Blick auf den dortigen Anlaß entsprechend veränderte Fassung vorgetragen.

1. Die Krise des Marxismus als Frage an die westliche Welt

a) Die metapolitischen Grundlagen der politisch-ökonomischen Krise

Wir wollen demgemäß mit unserem Fragen von den Fakten ausgehen, um deren innere Antriebskräfte zu erkennen und so Maßstäbe zu finden für den weiteren Weg. Die erste Frage, die wir zu stellen haben, lautet: Was ist denn nun eigentlich zusammengebrochen im Lauf der Jahre 1989 und 1990? Zunächst kann und muß man einfach sagen, daß der Marxismus als umfassende Deutung der Wirklichkeit und als Anweisung zu geschichtlichem Handeln gescheitert ist. Seine Verheißung von Freiheit, Gleichheit und Wohlstand für alle hat sich in den empirischen Fakten nicht bewahrheitet; sie ist von den politischen und wirtschaftlichen Tatsachen her falsifiziert worden. So richtig diese Feststellungen sind, man bliebe an der Oberfläche stehen, wenn man sich damit begnügen würde. Wir müssen vielmehr einen Schritt weitergehen und fragen: Was ist aber das eigentlich Falsche an dieser Interpretation der Welt und an der daraus abgeleiteten Praxis? Eine genaue Beobachtung der Vorgänge führt unmittelbar an den Kern der Sache heran: Die Kraft des Geistes, die Kraft von Überzeugungen, von Leiden und von Hoffnungen hat die bestehenden Strukturen umgestürzt. Das bedeutet: zu Fall gekommen ist dabei jener Materialismus, der den Geist zur bloßen Folge materieller Strukturen, zum bloßen Überbau des wirtschaftlichen Systems herabdrücken wollte. An dieser Stelle aber reden wir bereits nicht mehr bloß vom Problem des Marxismus und von seiner Staatenwelt, sondern wir reden von uns selbst. Denn der Materialismus ist ein Problem, das uns alle angeht; sein Scheitern zwingt uns alle zur Gewissenserforschung.

Deshalb ist es nötig, an diesem Punkt noch etwas zu verweilen und zu fragen, was denn eigentlich der Kern einer materialistischen Ideologie sei. Sie besteht nicht darin, daß Geist überhaupt geleugnet würde: Auch der Materialismus gibt zu, daß an irgendeiner Stelle in der Geschichte Geist aufgetreten ist und von da an vom bloß Materiellen unterschieden werden muß. Das Wesen des modernen Materialismus ist subtiler: Es besteht in der Weise, wie die Beziehung zwischen Materie und Geist gedacht wird. Die Materie ist danach das Erste und Ursprüngliche; am Anfang steht die Materie und nicht der Logos. Aus ihr entwickelt sich alles in einem Prozeß der Zufälle, der zum Prozeß der Notwendigkeiten wird. Der Geist ist immer nur Produkt der Materie. Wenn man deren Gesetze kennt und sie zu handhaben weiß, dann kann man auch den Gang des Geistes lenken. Man verändert den Geist, indem man seine materiellen Bedingungen umbaut. So kann man auf mechanische Weise, durch den Umbau und Ausbau der Strukturen, Geschichte selbst umbauen und ausbauen.[1]

[1] Natürlich müßte diese grundsätzliche Diagnose über das Wesen des modernen Materialismus im allgemeinen im Blick auf den dialektischen und historischen Materialismus im einzelnen näher ausgearbeitet und präzisiert werden, was in dem begrenzten Rahmen dieses Vortrags nicht möglich war. Die Besonderheit dieses Materialismus-Typs ergibt sich zunächst vor allem aus der Einführung des Faktors Arbeit in die materialistische Betrachtung der Wirklichkeit. Grundvoraussetzung bleibt aber die These vom Primat der Materie gegenüber dem Bewußtsein, die durch eine dialektische Sicht des Verhältnisses von Natur und Bewußtsein ausgeweitet, aber nicht aufgehoben wird. Durch die Arbeit - dies ist die These - wirke der Mensch auf die Natur verändernd zurück und in dieser Auseinandersetzung geschehe wiederum Entwicklung des Bewußtseins. Der dialektische Materialismus will damit einem bloß mechanischen Materialismus entwachsen sein; er beansprucht, „an die Stelle einer mechanistischen (oder auch pantheistischen) Betrachtung der Natur und des Menschen eine durchgängig materialistische Lehre von der Entwicklung des Menschen zu setzen, die alle Gebiete der Wirklichkeit umgreift und zugleich deren spezifische Besonderheiten berücksichtigt." So charakterisiert das von G. Klaus und M. Buhr im Bibliographischen Institut in Leipzig (1965^{2}) herausgegebene Philosophische Wörterbuch den Neuheits- und Endgültigkeitsanspruch des von Marx und Engels begründeten Typs von Materialismus (329a). Auf diesem Weg soll die Einbeziehung von Geschichte und Gesellschaft in eine wissenschaftlich durchschaubare und lenkbare Gesetzlichkeit vollends erreicht werden, die den mehr „kontemplativ" oder „metaphysisch" angelegten früheren Formen des Materialismus versagt geblieben war. Demgemäß fährt das Lexikon, a.a.O. 329 a-b, weiter: „Zum ersten Male in der Geschichte des menschlichen Denkens ergab sich so die Möglichkeit, den Materialismus bei der Erklärung des gesellschaftlichen Lebens anzuwenden und die materiellen Triebkräfte und die Gesetze des gesellschaftlichen Lebens zu erschließen, womit erstmals eine wissenschaftliche Gesellschaftstheorie begründet wurde." Gerade dieser Anspruch auf „Wissenschaftlichkeit" ist mit den jüngsten Geschehnissen gescheitert, durch die den „Gesezen der gesellschaftlichen Entwicklung" eine Freiheit entgegentrat, die diese „Gesetze"

Dieser materialistische Hochmut hat sich als Irrtum erwiesen. Der Geist hängt gewiß zu einem guten Teil von seinen materiellen Bedingungen ab, aber er überragt sie doch. Man kann den Menschen nicht von seiner Freiheit befreien, indem man die Kanäle betoniert, in denen sie sich bewegen muß. Die Anmaßung, man könne mit strukturellen Rezepten den perfekten Menschen und die perfekte Gesellschaft konstruieren, ist der eigentliche Kern des modernen Materialismus, und dieser Kern hat sich als Irrtum erwiesen. Wer auf das Mechanische statt auf das Geistige, auf das Ewige setzt, verrechnet sich auf die Dauer.

Wenn dies zutrifft, so ist damit zugleich auch ein bestimmter Typus von Wissenschaftsgläubigkeit in Frage gestellt, der in seiner Wirkung wiederum weit über den marxistischen Machtbereich hinausgeht. Die Wissenschaft im engeren Sinn des Wortes bezieht sich auf den Bereich des Notwendigen, das sich auf strenge Regeln zurückführen läßt und auf diesem Weg zu objektiv überprüfbarer Gewißheit führt. Das bedeutet aber, daß die so verstandene Wissenschaft den Bereich des Freien, also das eigentlich Menschliche des Menschen und seiner Gemeinschaftsbindungen nicht behandeln kann. Die Faszination eines umfassenden Wissenschaftsbegriffs, der auch den Menschen nicht weniger exakt zu behandeln vermag als die Dinge der Physik, hat aber dazu getrieben, diese Grenze zu bestreiten. Schon seit Auguste Comte geht alles Bemühen dahin, auch den Menschen als Regelwesen zu durchschauen und keine weißen Flecken mehr in der Landkarte der wissenschaftlichen Welt übrigzulassen. Daraus ist jenes in allen Unterschieden gemeinschaftliche Grundkonzept von Sozialwissenschaft hervorgewachsen, das im Osten als marxistische, im Westen als

aufhebt. Die beiden Artikel „Materialismus“ (325-330) und „Materialismus, dialektischer und historischer“ (330-340) sowie Materie (341-344) aus dem erwähnten Lexikon bleiben als quasi-offiziöse Darstellung marxistischer Philosophie lesenswert. Informativ, mit reichen Literaturangaben W. Nieke, Materialismus, in: J.Ritter - K. Gründer (Hg.), Historisches Wörterbuch der Philosophie V (Basel - Stuttgart 1980) 843-850; W. Knispel - W. Goerdt - H. Dahm, Materialismus, dialektischer, ebd. 851-859.

positivistische Soziologie auftritt und beide Male - nach einem Wort von Jürgen Habermas - das „Projekt der Moderne" vorstellt.[2] Es würde den Rahmen unserer Überlegungen sprengen, wollte ich hier den hinter allen Verschiedenheiten zwischen Mar-xismus und Positivismus wirksamen gemeinsamen methodischen Grundansatz dieser Art von Humanwissenschaft näher verdeutlichen, die sich als die neue Metaphysik, als Deutung der Grundlagen des Menschseins versteht. Es mag genügen, noch einmal auf Habermas zu verweisen, für den das Personsein nicht als unabhängige Variable anzusehen ist, sondern als „ein Gattungswesen, das sich (allererst) in einem geschichtlichen Prozeß innerhalb einer ganz bestimmten Zeit und Gesellschaft realisiert". Der Begriff Person bezeichnet nun „ein in und durch Sozialisation gewordenes Individuum, das unabhängig von der Gesellschaft gar nicht gedacht werden kann. Dieses wird sozusagen im Sozialisationsmechanismus hervorgebracht oder gemacht".[3] Der Versuch, den Menschen „wissenschaftlich" im engsten Sinn des Wortes zu behandeln, schließt den Determinismus ein, der aus dem vorausliegenden Materialismus kommt. Eine Wissenschaftsidee, die sich am Unfreien bildet, wird auf den Bereich des Freien, des Menschlichen übertragen, um eine „Physik des Menschen" zu ermöglichen, in der es notwendige Gesetze und exakte Voraussagen gibt.[4] Die Theorie fordert hier - konsequent genommen - ihrem Wesen nach die Ausschaltung des Faktors Freiheit. Das marxistische System hat lediglich diese Grundvoraussetzungen mit aller Strenge ins politische Handeln übersetzt: Die Unterdrückung der Freiheit durch das System ist nicht Mißbrauch des Gedankens, sondern seine logische Anwendung. Der prak-

[2] Ich entnehme die Hinweise auf Habermas dem wichtigen Beitrag von R. Hofmann, Soziologie als theologische Grunddisziplin? Zur vergessenen Metaphysik der Sozialwissenschaften; in: Internat. kath. Zeitschr. 19 (1990) 453-466, hierzu 456.

[3] So charakterisiert B. Hamann, Sozialisationstheorie auf dem Prüfstand (Bad Hellbrunn 1981) 46, die Position von Habermas; vgl. R. Hofmann, a.a.O. 461.

[4] Erhellende Ausführungen zu diesem Fragebereich bei M. Kriele, Befreiung und politische Aufklärung (Freiburg 1980) 78-82.

tische Aufbruch der Freiheit gegen das System auf den Straßen der östlichen Hauptstädte hat daher auch einschneidende theoretische Konsequenzen. Er stellt nicht nur das marxistische Denken in Frage, sondern ist ebenso eine Frage an unsere Weise, Humanwissenschaft auf methodische Grundlagen zu stellen, die das Humanum ausschließen. Was hier im politischen Raum geschehen ist, ist damit ein höchst realer Beitrag zu der grundlegenden Frage, was Freiheit überhaupt sei und was der Mensch ist.

Noch ein dritter Aspekt der Vorgänge scheint mir deutlich zu sein. In Frage gestellt ist durch das Geschehene auch eine bestimmte Fassung des Fortschrittsgedankens. Das Wort Fortschritt ist zu einem Trabanten der nachhegelianischen Geschichtsphilosophie geworden. Es setzt jene mechanische Deutung der Geschichte voraus, die wir soeben kritisiert haben. „Fortschritt" läßt sich dabei als ein gut verkäufliches Partei-Etikett gebrauchen. Im sozialistischen Lager galt ganz einfach, daß Fortschritt ist, was dem Ausbau des Sozialismus dient. Es gibt aber auch einen oberflächlichen Liberalismus, der nicht weniger parteilich ist. Freiheit wird mit Bindungslosigkeit identifiziert, und als Fortschritt erscheint alles, was Bindungen beseitigt. Und schließlich gibt es die technizistische Variante des Fortschrittsglaubens, die im Anwachsen des technischen Könnens als solchem schon einen Fortschritt des Menschen sieht. Romano Guardini hat in diesem Zusammenhang vom „Unsinn des Fortschrittsglaubens" gesprochen.[5] Wo immer Fortschritt als ein notwendiger Prozeß gesetzlicher Entwicklung der Geschichte angesehen wird, ist er unterhalb des eigentlich Menschlichen angesiedelt und im tiefsten gegen den

[5] R. Guardini, Die Lebensalter (Mainz 1986[10]) 97. Die Auseinandersetzung mit dem Fortschrittsgedanken durchzieht das ganze Werk Guardinis. Besonders eindringlich sind seine diesbezüglichen Ausführungen in der 1956 nach der Unterdrückung des Ungarn-Aufstands gehaltenen Universitätspredigt. Nur ein Zitat daraus: „Es ist falsch und gefährlich, den Menschen als das Wesen zu bestimmen, das fortschreitet. Nein, er ist das Wesen, das durch keinen Fortschritt gesichert ist, sondern sich immer aufs neue zwischen Gut und Böse... entscheiden muß." In: Wahrheit und Ordnung. Universitätspredigten 11 (1956) 262.

Menschen konzipiert. Personale Freiheit und ethische Eigenverantwortung können dann nur als Störfaktoren solcher Gesetzlichkeiten angesehen werden. Das massive Auftreten dieses „Störfaktors" in den letzten Jahren ist ein Vorgang, der Hoffnung gibt - zugleich eine Tatsache, die uns zum Nachdenken und zum Umdenken zwingt.

Hier wird freilich die Frage unausweichlich, ob wir zu solcher Umkehr bereit und fähig sind. Wieweit sind wir überhaupt imstande, neue tragende Visionen des Ganzen zu entwickeln und jenen geheimen oder offenen Materialismus aufzugeben, der zu dem peinlichen Flirt der westlichen Intelligenz mit dem Marxismus geführt hat, von dem man heute weithin nichts mehr wissen will?

b) Die treibenden Kräfte des Umbruchs

An dieser Stelle müssen wir uns der praktischen Frage zuwenden, welche Kräfte den Umschwung in den östlichen Staaten herbeigeführt haben. Auch hier geht es nicht um politische Analysen im engeren Sinn des Wortes. Nachdem wir vorhin gefragt hatten, was eigentlich gescheitert ist und sich als zukunftslos erwies, suchen wir nun nach dem Positiven - nach jenen Energien, die Umkehr bewirken können. Natürlich kann es sich dabei nicht um eine irgendwie erschöpfende Analyse, sondern nur um erste tastende Vorstöße handeln.

Was hat den Umbruch bewirkt? Zunächst müssen wir beim konkreten politischen Vorgang verweilen, um ihn dann sinnvoll übersteigen zu können. Als augenfällige Tatsache, die zum stärksten Motor der neuen Prozesse wurde, ist fürs erste das materielle Versagen des marxistischen Systems im ökonomischen und sozialen Bereich zu erwähnen. Insofern ist er in seinem Eigensten - als Theorie der Ökonomie - gescheitert und heute wissenschaftlich nicht mehr ernst zu nehmen. Die intellektuellen Träger des Systems und seine Funktionäre haben dies seit langem gewußt: Der Glaube an das System erlosch angesichts der Tatsachen nach und nach in denen, die es verkörperten; so wurde es seit langem nicht mehr von Überzeugung, sondern nur noch durch die Selbstbehauptung der Macht aufrechterhalten. Die Lebensdauer der puren Macht, die sich nur an sich selbst hält, ohne von geistigen Gehalten gestützt zu sein, ist notwendig begrenzt. In dem Augenblick, in dem der „Glaubensverlust" der Mächtigen mit dem Vertrauensverlust der Beherrschten, mit ihrer schieren Not zusammenstieß, mußte das brüchige Gebilde ins Wanken kommen.

In diesem Zusammenhang ist als zweiter Faktor die Kraft der Religion zu nennen. Die Voraussage war gewesen, die Religion werde von selbst verschwinden, wenn sich die gesellschaftlichen Verhältnisse ändern würden, die die Projektion des Religiösen hervorriefen. Schon seit langem hatte man zugegeben, daß man die Schnelligkeit dieses Prozesses überschätzt habe; dann wurde schließlich immer mehr die Möglichkeit offengelassen, daß Religion wohl überhaupt nie gänzlich aufhören werde. Schließlich zeigte sich Überraschendes: Gerade in der naturwissenschaftlichen Intelligenz tauchte die Gottesfrage neu auf. Eine ihrer Grenzen innewerdende Wissenschaft erkannte, daß die eigentlichen Antworten außerhalb dessen liegen, was sie in sich selbst darstellen kann. Gleichzeitig mit diesem Aufblitzen der Gottesfrage mitten innerhalb der strengsten Rationalität meldete sich der Durst nach dem Ewigen aus den Tiefen der menschlichen Existenz neu zu Worte, der offensichtlich in den Grund unserer Seele eingebrannt ist. Aus vielfältigen Zeugnissen wissen wir, wie nun gerade in der ganz atheistisch aufgewachsenen akademischen Jugend Gott zum erregenden Thema wurde.[6] Nicht immer führte das zur Konversion, zu konkretem christlichen Glauben. Aber eine neue Empfänglichkeit für die geheimnisvolle Botschaft der Ikonen, für die Nähe des Göttlichen in der ganz dem Mysterium

[6] Besonders eindringlich bezeugen dies die Schriften von T. Goritschewa, vgl. besonders: Von Gott zu reden ist gefährlich (Freiburg 1984[3]). Die Kraft der Ohnmächtigen. Weisheit aus dem Leiden (Wuppertal 1987). Wichtig für den Weg der allmählichen Zuwendung zu Gott bleiben die Werke von A. Solschenizyn, besonders: Der erste Kreis der Hölle (Frankfurt 1968).

verschriebenen orthodoxen Liturgie wuchs doch wie von selbst aus solchem Fragen. Der vordem unter der Magie der ideologischen Versprechungen verblaßte Glanz der religiösen Verheißungen wurde wieder spürbar und deutete auf andere, höhere Erfüllungen der menschlichen Existenz, als sie eine entgöttlichte Welt etwa mit den Ersatzlösungen der moralischen Libertinage anbieten konnte. Religion, noch vor kurzem als Inbegriff des Aberglaubens und der Unterdrückung angesehen, erschien als eine Instanz der Freiheit; sie trat wieder als öffentliche Kraft hervor, die die herrschende Macht relativierte. Sie gab die seelischen Kräfte, die schließlich stärker wurden als die äußeren Gewalten.

Aber wir müssen auch noch an einen dritten, ganz anders gearteten Faktor in diesem Prozeß denken: den Einfluß der Massenmedien. Hier stoßen wir auf eine merkwürdige Zwiespältigkeit, die wir bei der Diagnose der gegenwärtigen Geschichtsstunde nicht auslassen dürfen, wenn wir uns nicht einer Verkürzung der Phänomene schuldig machen wollen. Die Massenmedien haben sich ohne Zweifel als Moment der Destabilisierung gegenüber den Diktaturen erwiesen. Mit ihrer Skepsis relativieren sie alles, zeigen Gegenbilder zu allem und rücken es so ins Fragwürdige. Sie bringen Wunschbilder des Lebens vor die Augen und stellen damit ein Maß auf, das zum Widerspruch gegen das Bestehende treibt. Sie formen Bewußtsein und Unbewußtes und drängen zur Verwirklichung des Gesehenen und Gehörten. So haben sie sicher an der Ausbildung einer Bewußtseinslage mitgewirkt, die sich immer weniger mit der Unveränderlichkeit des Bestehenden abfinden konnte. Sie werden wohl auch ihr Verdienst an dem vielleicht erstaunlichsten und positivsten Aspekt dieser Umbrüche haben: daran, daß sie zum allergrößten Teil gewaltlos verliefen. Zwar darf man hier nicht verschweigen, daß die Massenmedien mit ihrer Banalisierung der Gewalt, die wie ein ganz normales und gewöhnliches menschliches Verhalten erscheint, eine schwere Verantwortung für die Leichtigkeit übernehmen, mit der heute die Schwelle zur Gewalttätigkeit zwischen einzelnen und Gruppen überschritten wird. Aber es gibt auch die andere Seite ihrer Wirksamkeit: Was an irgendeinem Punkt der Welt vor sich geht, wird überall und an allen Orten sichtbar. Militärische Gewalt gegen friedlich demonstrierende Menschen, wie wir sie aus China ansehen mußten und aus Rumänien mitgeteilt erhielten, wird in ihrer Schrecklichkeit und Grausamkeit vor aller Welt sichtbar. Sie kann sich dann gar nicht mehr unter der Maske des Einsatzes für die bessere Gesellschaft verbergen; statt dessen würde das brutale Gesicht einer alle Welt abschreckenden blutigen Diktatur sichtbar. Die weltweite Multiplikation der Bilder wird zum Machtfaktor des örtlichen Geschehens und gibt damit dem wehrlosen Willen der Aufbegehrenden den nötigen Schutz. Das sind positive Wirkungen eines Phänomens der Massengesellschaft, an die wir so vorher gar nicht gedacht hatten. Aber ohne Zweifel gibt es auch eine andere Seite desselben Phänomens: Die relativierende Kraft der Bilder reicht über den Raum der Diktatur hinaus. Sie treiben zu einer allgemeinen Skepsis. Der Eindruck entsteht, alles zu kennen, über alles urteilen zu können. Darüber aber könnte die Fähigkeit verloren gehen, die tieferen Dimensionen des Daseins wahrzunehmen. Eine Verflachung der Gefühle droht, ein Greifen nach dem Äußeren, ein Anspruch an das Dasein, der dann nicht mehr bloß Diktaturen zum Wanken bringt, sondern die menschliche Seele selbst von ihrem Grund her destabilisiert. Die Gefahr droht, daß sie zur Geduld der Wahrheit unfähig wird und unfähig zu jener Bindung, ohne die sich die Wahrheit nicht schenkt und ohne die die Antwort der Liebe nicht wachsen kann. Das Phänomen der Massenmedien kann man weder einfach negativ noch einfach positiv beurteilen; gerade in ihrer Zwiespältigkeit sind sie ein schicksalhaftes Zeichen unserer Zeit, dessen Macht sich immer mehr nach den verschiedensten Richtungen hin auswirken wird.

2. Entsprechungen und Variationen in der westlichen Welt

Unsere bisherigen Überlegungen hatten ihren Ausgangspunkt in den Vorgängen des europäischen Ostens genommen, aber wir haben versucht, darin auch immer unsere eigenen Probleme, die Probleme der westlichen Welt und ihrer Ideologien mitzubedenken. Diesen Aspekt unseres Fragens müssen wir in einem zweiten Teil noch etwas vertiefen, bevor wir Konsequenzen für die Wege des Glaubens heute ziehen können.

Drei Aspekte vor allem möchte ich ansprechen: die Krise des Wissenschaftsglaubens, die neue Frage nach dem Geistigen und dem Ethischen und die neue Suche nach Religion.

a) Die Krise des Wissenschaftsglaubens

Der Widerstand der Schöpfung gegen ihre Manipulation durch den Menschen ist im letzten Jahrzehnt zu einem neuen Faktor der geistigen Situation geworden. Die Frage nach den Grenzen der Wissenschaft und nach den Maßen, denen sie zu folgen hat, stellt sich unausweichlich. Bezeichnend für die Änderung des Klimas erscheint mir die Änderung in der Art und Weise, wie man den Fall Galilei beurteilt. Das im 17. Jahrhundert noch wenig beachtete Ereignis war im Jahrhundert darauf geradezu zum Mythos der Aufklärung überhöht worden: Galilei erscheint als das Opfer des in der Kirche festgehaltenen mittelalterlichen Obskurantismus. Gut und Böse stehen sich in reinlicher Scheidung gegenüber: Auf der einen Seite finden wir die Inquisition als die Macht des Aberglaubens, als Gegenspieler von Freiheit und Erkenntnis. Auf der anderen Seite steht die Naturwissenschaft, vertreten durch Galilei, als Macht des Fortschritts und der Befreiung des Menschen aus den Fesseln der Unkenntnis, die ihn ohnmächtig der Natur gegenüber hielten. Der Stern der Neuzeit geht über der Nacht des mittelalterlichen Dunkels auf.[7]

Seltsamerweise war Ernst Bloch mit seinem romantischen Marxismus einer der ersten, der sich offen diesem Mythos widersetzte und eine neue Interpretation der Ereignisse anbot. Für ihn beruht das heliozentrische Weltsystem ebenso wie das geozentrische auf unbeweisbaren Voraussetzungen. Dazu gehöre vor allem die Annahme eines ruhenden Raumes, die inzwischen durch die Relativitätstheorie erschüttert worden ist. Er formuliert: „Indem folglich mit dem Wegfall eines leeren ruhenden Raums keine Bewegung gegen ihn vorkommt, sondern lediglich eine relative Bewegung von Körpern gegeneinander, und deren Feststellung von der Wahl des als ruhend angenommenen Körpers abhängt: so könnte, falls die Kompliziertheit der dabei auftretenden Rechnungen dies eben nicht als untunlich erscheinen ließe, nach wie vor die Erde als feststehend, die Sonne als bewegt angenommen werden."[8] Der Vorsprung des heliozentrischen Systems gegenüber dem geozentrischen besteht demnach nicht in einem Mehr an objektiver Wahrheit, sondern lediglich in einer leichteren Berechenbarkeit für uns. Bis hierher drückt Bloch wohl nur moderne naturwissenschaftliche Einsicht aus. Erstaunlich ist aber nun die Wertung, die er daraus ableitet: „Nachdem die Relativität der Bewegung außer Zweifel steht, hat ein humanes und ein älteres christliches Bezugssystem zwar nicht das Recht, sich in die astronomischen Rechnungen und ihre heliozentrische Vereinachung einzumischen, wohl aber hat es das eigene methodische Recht, für die Zusammenhänge der humanen Wichtigkeit diese Erde festzuhalten und die Welt um das auf der Erde Geschehende und Geschehene herumzuordnen."[9]

[7] Vgl. W. Brandmüller, Galilei und die Kirche oder Das Recht auf Irrtum (Regensburg 1982).

[8] E. Bloch, Das Prinzip Hoffnung (Frankfurt/Main 1959) 920; vgl. F. Hartl, Der Begriff des Schöpferischen. Deutungsversuche der Dialektik durch E. Bloch und F.v. Baader (Frankfurt/Main 1979) 110.

[9] Bloch, a.a.O. 920f.; Hartl 111.

Wenn hier die beiden methodischen Sphären noch deutlich voneinander geschieden und in ihrem jeweiligen Recht wie in ihren Grenzen anerkannt werden, so klingt das Resümee des skeptisch-agnostischen Philosophen P. Feyerabend schon sehr viel aggressiver, wenn er schreibt: „Die Kirche zur Zeit Galileis hielt sich viel enger an die Vernunft als Galilei selber, und sie zog auch die ethischen und sozialen Folgen der Galileischen Lehre in Betracht. Ihr Urteil gegen Galilei war rational und gerecht, und seine Revision läßt sich nur politisch-opportunistisch rechtfertigen."[10] Unter den Gesichtspunkten der praktischen Wirkung geht zum Beispiel C. F. von Weizsäcker noch einen Schritt weiter, wenn er einen „schnurgeraden Weg" von Galilei zur Atombombe sieht. Zu meiner Überraschung wurde ich vor kurzem in einem Interview über den Fall Galilei nicht etwa gefragt, wieso die Kirche sich angemaßt habe, naturwissenschaftliche Erkenntnis zu behindern, sondern ganz im Gegenteil, warum sie eigentlich nicht klarer gegen die Verhängnisse Stellung genommen habe, die sich ergeben mußten, als Galilei die Büchse der Pandora öffnete. Es wäre töricht, auf solchen Auffassungen eine kurzschlüssige Apologetik aufzubauen; der Glaube wächst nicht aus dem Ressentiment und aus der Bezweiflung der Rationalität, sondern nur aus einer grundlegenden Bejahung und aus einer weiträumigen Vernünftigkeit; wir werden darauf zurückkommen. Ich erwähne dies alles nur als einen symptomatischen Fall, an dem sichtbar wird, wie tief die Selbstbezweiflung der Moderne, der Wissenschaft und der Technik heute greift.

b) Die Suche nach dem Geistigen und Ethischen

Wenden wir uns nun einem zweiten Bereich, der neuen Suche nach Ethos und „Spiritualität" zu. Sowenig es möglich ist, die Zweifel an der Wissenschaft und an der Moderne, die sich heute ausbreiten, ausschließlich positiv oder ausschließlich

[10] P. Feyerabend, Wider den Methodenzwang (Frankfurt/Main 1976, 1983) 206.

negativ zu bewerten, sowenig kann man die neue Öffnung für die spirituelle Dimension der Welt und der menschlichen Existenz als ein einheitliches Phänomen darstellen. Natürlich gibt es hier eindeutig positive Vorgänge: war das Sittliche in der Zeit der Hochblüte der Moderne ganz in den Bereich des Subjektiven abgedrängt und der technische Fortschritt als ein nicht weiter zu befragender Wert in sich selbst angesehen worden, so ist in denselben Kreisen heute die Frage nach dem Ethischen als Maßstab unseres Tuns neu aufgebrochen. Sittliche Maßstäbe als eine Grenze unseres Forschens und Machens anzusehen, wird keineswegs mehr von vornherein als Obskurantismus verurteilt, seitdem zuerst die Atombombe und dann die lebenszerstörenden Formen technischer Produktionen die Kehrseite des Fortschritts praktisch fühlbar werden ließen. Freilich bleibt die Wirkung solcher grundsätzlicher Erkenntnis im praktischen Bereich meistens doch beschränkt, wie sich im Streit um die genetische Manipulation und um die Erzeugung des Menschen in vitro zeigt. Die Bereitschaft, menschliches Leben - Leben von Personen, wenn auch ungeborenen - für die „höheren Zwecke" der Forschung oder für sonstige als Güter angesehene Ziele zu verbrauchen, ist nach wie vor ungebrochen. Der Verbrauch des Menschen als einer Sache und das Spiel mit dem göttlichen Geheimnis seines Wesens ist nach wie vor im Gang. Aber es gibt Widerstand, auch und gerade aus dem Inneren der Naturwissenschaft.[11]

c) Neue Religiosität

Vielschichtig ist endlich auch die Wiederentdeckung des Religiösen. Wie es gerade unter den herausragenden Geistern der modernen Naturwissenschaft eine entschiedene neue Zuwen-

[11] Bemerkenswert durch einen neuen methodischen Ansatz vgl. C. Labrusse-Riou, L'homme à vif: biotechnologie et droits de l'homme, in: Esprit. Heft 156 (Nov. 1989) 60-70. Dazu die eindringliche Stimme von H. Jonas, Technik, Ethik und Biogenetische Kunst, in: Internat. kath. Zeitschr. 13 (1984) 501-517. Vgl. auch R. Löw (Hg.), Bioethik (Köln 1990).

dung zum ethischen Problem und eine Absage an die Selbstbescheidung des Positivismus gibt, so gibt es heute den Aufbruch junger Menschen, die mit neuer Leidenschaft nach Gott fragen und bereit sind, ihr Leben ganz und vom Grunde her von ihm bestimmen zu lassen. Es gibt verstärkt den Großmut junger Menschen, die sich nicht mit vagen Gefühlen und mit halbherzigen Entscheidungen begnügen, sondern den unbedingten Gehorsam gegen die Wahrheit suchen. Daneben steht eine allerdings weit verbreitete und eher vage Strömung, die man als Sehnsucht nach Spiritualität und nach religiösem Erlebnis bezeichnen könnte. Es wäre verfehlt, dies abzuwerten, aber auch unangebracht, darin den Anfang einer neuen Zuwendung zum christlichen Glauben zu sehen. Denn diese Sehnsucht steigt häufig aus einer Enttäuschung über das Ungenügen der technischen Welt auf; sie birgt nostalgische Elemente in sich und vor allem eine tiefe Skepsis gegenüber der Berufung des Menschen zur Wahrheit. Wahrheit scheint in der Geschichte durch die Intoleranz derer diskreditiert, die sich in ihrem sicheren Besitz wähnten. Außerdem treiben die Erfahrungen mit den Grenzen der Wissenschaft und mit der Brüchigkeit der Ideologien eher in die Skepsis, als daß sie Mut zur Suche nach der Wahrheit gäben. So wird Wahrheit lieber durch „Werte" ersetzt, über die man wenigstens ein teilweises Einverständnis suchen kann. Aber solche Auswahl bleibt fragwürdig, wenn der Maßstab der Wahrheit unzugänglich ist. Vor allem aber wird Religion, die aus Skepsis und Enttäuschung ob der Grenzen der Erkenntnis geboren wird, notwendig zur Domäne des Irrationalen. Sie bleibt im Unverbindlichen und gerät leicht zu einem Betäubungsmittel. Neue Mythologien bilden sich aus, wie sich in dem vielfältig schillernden Phänomen besonders deutlich zeigt, das unter dem Sammelnamen New Age feilgeboten wird. Die Parallelen zur antiken Gnosis sind auffällig. Wie dort so verbinden sich auch hier abstruse Mythologeme mit dem hochgespannten Anspruch, den Schlüssel der Erkenntnis in Händen zu halten und eine umfassende Deutung der Realität gefunden zu haben, in der die Geheimnisse des Alls entschleiert sind und Erkenntnis zu Erlösung wird.[12] Der lebendige Gott versinkt in der spirituellen Tiefe der Existenz, in der der Mensch badet und sich schließlich selber auflöst, um eins zu werden mit dem All, aus dem er gekommen ist. Karl Barths Hinweis, daß Religion zur Selbstbefriedigung werden kann, die nicht zu Gott führt, sondern den Menschen in sich bestätigt und gegen Gott abschließt, erhält neue Aktualität.

3. Wege des Glaubens heute

Am Schluß stellt sich nun ausdrücklich die Frage, die im stillen schon alle bisherigen Überlegungen geleitet hat: Was sollen wir tun? Was kann lebenswerte menschliche Zukunft geben? Wenn wir die Kräfte überblicken, von denen wir bisher gehandelt haben, so lassen sie sich auf zwei Grundrichtungen zurückführen: Relativismus und Glaube. Der Relativismus verbindet sich leicht mit dem Positivismus; er ist geradezu dessen eigentliche philosophische Grundlage. Daß in manchen Situationen ein Schuß Relativismus, ein Stück Skepsis nützen kann, sollten wir nicht bestreiten. Aber als gemeinsamer Grund, auf dem wir leben können, reicht er gewiß nicht aus. Denn wo Relativismus konsequent gedacht und gelebt wird und sich nicht doch im stillen an einer letzten Zuversicht des Glaubens anhält, da wird er entweder zum Nihilismus, oder er baut den Positivismus zur alles regelnden Macht aus und endet damit wieder in totalitären Verfassungen. Aber was bleibt, wenn die Skepsis, der Relativismus bei aller partiellen Nützlichkeit im ganzen kein Weg ist? Sind wir nicht doch von neuem auf die Selbstüberschreitung des Menschen, auf den Weg des Glaubens an den lebendigen Gott verwiesen?

Einer solchen Antwort stellen sich heute tausend Einwände entgegen; all die Kümmergestalten des Glaubens, die

[12] Materialien zu diesem Fragenkreis bei P. Beyerhaus - L. E. v. Padberg (Hg.), Eine Welt - Eine Religion? Die synkretistische Bedrohung unseres Glaubens im Zeichen von New Age (Asslar 1988).

Vergangenheit und Gegenwart hervorgebracht haben und hervorbringen, scheinen ihnen Recht zu geben. Der Mut zum Glauben kann heute wie früher nicht auf rein intellektuelle Weise vermittelt werden. Er bedarf zuallererst der Zeugen, die ihn mit ihrem Leben und Leiden als den rechten Weg verifizieren. Daß der Glaube im europäischen Osten zur Kraft wurde, die sich stärker erwies als der „wissenschaftliche Sozialismus", kam in der Tat vor allem aus der Demut und der Geduld der Leidenden, in deren Zeugnis eine größere Verheißung sichtbar wurde. Insofern überschreitet unsere Frage bei weitem den bloß intellektuellen Disput. Aber er ist unverzichtbar und hat seine durch nichts zu ersetzende Funktion.

Deswegen müssen wir nun doch den Zerrbildern und Kümmerformen des Glaubens gegenüber fragen: Was ist die wesentliche innere Gestalt des Glaubens? Oder anders gesagt: Wie muß ein Glaube beschaffen sein, der auf die Zeichen der Zeit antwortet und so in dieser Stunde dem Menschen den Weg zur Erlösung zeigt? Ich möchte dazu drei Gedankengänge vorschlagen.

a) Glaube ist vernünftig

Glaube ist nicht Resignation der Vernunft angesichts der Grenzen unserer Erkenntnis; er ist nicht Zurückweichen ins Irrationale angesichts der Gefahren einer bloß instrumentellen Vernunft. Der Glaube ist nicht Ausdruck der Ermüdung und der Flucht, sondern ist Mut zum Sein und Aufbruch ins Große und Weite des Wirklichen. Der Glaube ist ein Akt der Bejahung; er beruht auf der Kraft eines neuen Ja, das dem Menschen in der Berührung durch Gott möglich wird. Gerade in der Situation eines aufbrechenden Ressentiments gegen die technische Rationalität scheint es mir wichtig zu sein, die wesentliche Vernünftigkeit des Glaubens herauszustellen. Bei einer Kritik der Neuzeit, die seit langem im Gange ist, darf man nicht ihr Zutrauen zur Vernunft als solches tadeln, sondern lediglich die Verengung des Vernunftbegriffs, die dann irrationalen Ideologien die Tür geöffnet hat. Das Mysterium aber, wie der Glaube es sieht, ist nicht das Irrationale, sondern die äußerste Tiefe der göttlichen Vernunft, die wir mit unseren schwachen Augen nicht mehr zu durchdringen vermögen. Es ist und bleibt ein Grundwort des Glaubens, wenn Johannes - den Schöpfungsbericht des Alten Testaments aufnehmend und vertiefend - sein Evangelium mit den Worten beginnt: Im Anfang war der Logos, die schöpferische Vernunft, die sinngebende Kraft des göttlichen Erkennens. Nur von diesem Anfang her kann man das Geheimnis Christi richtig verstehen, in dem dann die Vernunft zugleich als Liebe sichtbar wird. Das erste Wort des Glaubens sagt uns also: Alles, was ist, ist geronnener Gedanke. Der Schöpfergeist ist der Ursprung und der tragende Grund aller Dinge. Alles, was ist, ist seinem Ursprung nach vernünftig, weil aus der schöpferischen Vernunft kommend.

Hier stehen wir noch einmal vor dem grundlegenden Gegensatz zwischen Materialismus und Glaube. Das Credo des Materialismus ist es, daß am Anfang das Unvernünftige steht und daß nur die Gesetze des Zufalls aus dem Unvernünftigen das Vernünftige montiert haben. Die Vernunft ist also ein Abfallprodukt der Unvernunft; sie ist in ihren Gesetzen reine Montage, ohne sittlichen oder ästhetischen Gehalt. So wird auch der Mensch zum Monteur der Welt, die er sich nach den Maßen seiner Zwecke entwirft. Aber immer bleibt die eigentliche Urmacht das Irrationale. Für den Glauben ist es genau umgekehrt: Der Geist ist der schöpferische Ursprung aller Dinge, und daher tragen sie alle Vernunft in sich, die nicht von ihnen kommt und sie unendlich überschreitet, aber eben doch ihr Wesensgesetz bildet. Die schöpferische Vernunft, die die objektive Vernünftigkeit der Dinge, ihre verborgene Mathematik und ihre inneren Ordnungen schafft, ist zugleich moralische Vernunft, und sie ist Liebe. Der Mensch ist dazu da, die Spuren dieser Vernunft zu erkennen und so die Dinge ihrem Wesen gemäß zu entfalten. Sein Herrschen ist ein Dienen, und seine Freiheit ist Bindung, nämlich an die innere Wahrheit der Dinge und so Offenwerden für die Liebe, die ihn gottähnlich macht.

Die Neuzeit ist durch ein eigentümliches Hin und Her zwischen Rationalismus und Irrationalität gekennzeichnet. Angesichts dieses Zwiespalts scheint es mir wichtig, die Alternativen richtig zu kennzeichnen. Die grundlegende Alternative, vor die uns der Gang der Neuzeit stellt, besteht in der Frage: Steht am Anfang aller Dinge das Unvernünftige, ist die Unvernunft der eigentliche Ursprung der Welt, oder kommt sie aus der schöpferischen Vernunft? Glauben heißt, die zweite Alternative ergreifen, und nur sie ist im tiefsten Sinn des Wortes „vernünftig" und menschenwürdig. In der Krise der Vernunft, vor der wir heute stehen, muß dieses eigentliche Wesen des Glaubens wieder sichtbar werden, der die Vernunft rettet, gerade weil er sie in ihrer ganzen Weite und Tiefe faßt und sie gegen die Verengungen eines bloß auf das experimentell zu Überprüfende schützt. Das Mysterium steht nicht gegen die Vernunft, sondern rettet und verteidigt die Vernünftigkeit des Seins und des Menschen.

b) Das Miteinander von Denken, Wollen und Fühlen im Glauben

Wenden wir uns nun vom Bereich des Erkennens demjenigen des Wollens und des Fühlens zu. Mit dem bisher Bedachten ist hier schon ein grundlegender Vorentscheid gefallen. Schleiermacher hat in der fundamentalen Bedrohung der Religion durch die Aufklärung deren Rettung dadurch versucht, daß er Religion als Gefühl definierte: „Ihr Wesen ist weder Denken noch Handeln, sondern Anschauung und Gefühl."[13] „Praxis ist Kunst, Spekulation ist Wissenschaft, Religion ist Sinn und Geschmack fürs Unendliche."[14] Das 19. Jahrhundert ist ihm darin weitgehend gefolgt und hatte so seine Art der Versöhnung von Religion und Wissenschaft gefunden: Die Vernunft

[13] F. Schleiermacher, Über die Religion. Reden an die Gebildeten unter ihren Verächtern (Berlin 1799; zitiert nach der von H.-J. Rothert besorgten Ausgabe bei F. Meiner, Hamburg 1958) 29.

[14] ebd. 30

konnte schalten und walten, wie sie wollte; die Religion, die ganz Gefühl war, behinderte sie nicht und war ihrerseits frei, sich im Bereich des Gefühls auszudrücken und sich ihren Platz zu sichern. Die Gefahr eines so gearteten Geistesfriedens besteht auch heute wieder; aber es ist gar kein Friede, sondern eine Teilung des Menschen, in der Vernunft und Gefühl gleichermaßen Schaden leiden.

Tatsächlich ist es eine Resignation der Vernunft, wenn sie sich nur noch zum Funktionalen allein fähig hält, aber sich nicht mehr imstande weiß, die Wahrheit des Seins, die Wahrheit über uns, über die Schöpfung und über Gott zu erkennen. Diese Skepsis beherrscht jedoch heute weithin das Feld. Wir wagen meist nicht mehr anzunehmen, daß wir im Eigentlichen unseres Fragens Wahrheit erkennen könnten. Diese falsche Demut erniedrigt den Menschen; sie macht unser Handeln blind und unser Fühlen leer. Auch in der katholischen Kirche kann man kaum noch den Anspruch vernehmen, daß uns im Glauben die Wahrheit über Gott vor den Blick komme. Der Eindruck, daß alle Religionen im dunklen tappen und ihre Aussagen allesamt Symbole des völlig Unerkennbaren sind, breitet sich aus. So wird Religion wieder zu einer Sphäre höherer Gefühle. Die untereinander austauschbar gewordenen Religionen sollen mit der Schubkraft der besten Gefühle den edelsten Zwecken der Menschheit dienen und Instrumente für den Aufbau einer Gesellschaft des universalen Friedens werden.

Nun, den universalen Frieden wünschen wir uns alle. Daß das Hinschauen auf Gott uns die Menschen als Brüder und Schwestern erkennen lasse und so dem Frieden diene, ist ein berechtigter Imperativ. Aber Religion, die nur noch ein Mittel ist, um bestimmte Zwecksetzungen zu erreichen, ist genauso entwürdigt wie Religion, die bloß noch als Gefühl walten darf.[15] In allen Irrtümern stecken Wahrheiten. Wahr

[15] Vgl. zu diesen Tendenzen die hellsichtige Darstellung von R. Slenczka, Das Forum 'Gerechtigkeit, Frieden und Bewahrung der Schöpfung' in: Kerygma und Dogma 35 (1989) 316-335.

ist, daß Religion zum Frieden ruft; wahr ist, daß zur Religion auch das Gefühl gehört und daß Reformen verfehlt sind, die ihr den Humus der Gefühle wegnehmen. Aber diese Wahrheiten behalten ihre Kraft nur, wenn sie ihren eigenen inneren Zusammenhang nicht verlieren. Dieser Zusammenhang aber besteht darin, daß der Glaube das Gefühl aufnimmt und es aus seiner Unbestimmtheit erlöst, indem er ihm seinen wahren Grund gibt: Gefühl für das Unendliche ruht auf der Wahrheit, daß es den unendlichen Gott gibt und daß er uns, die Endlichen anspricht. Der Glaube wird heute nicht dadurch wieder zu Kräften kommen, daß man ihn möglichst ins Unbestimmte zurücknimmt, sondern allein dadurch, daß man ihn in seiner ganzen Größe sieht. Nicht die Reduzierung rettet den Glauben; sie macht ihn nur billig. Allein wenn man ihm seine ganze Kraft läßt, wird er sinnvoll. Dann retten nicht mehr wir den Glauben, sondern dann rettet er uns.

c) Personalität und Sozialität des Glaubens

Die Integration von Erkenntnis, Wille und Gefühl geschieht in der Person. Der christliche Glaube hat seinem Wesen nach personale Struktur. Er ist die Antwort der Person auf einen persönlichen Anruf. Er ist die Begegnung zweier Freiheiten. Wenn wir vorhin gesagt hatten, daß christlicher Glaube von seinem in der Bibel beschriebenen Wesen her nicht Irrationalismus, sondern das entschiedenste Bekenntnis zur Vernunft als Grund und Ziel aller Dinge ist, so können wir nun hinzufügen: Der christliche Glaube schließt seinem Wesen nach eine umfassende Philosphie der Freiheit ein. Hier müßten wir nun eigentlich von einer anderen Seite her das noch einmal wiederholen, was wir vorhin über die Grundalternativen des Denkens gesagt haben. Wir hatten festgestellt, daß der moderne Rationalismus aufgrund seiner methodischen Selbstbeschränkung das Unvernünftige als Ursprung des Vernünftigen deklariert. Das schließt ein, daß er das Unfreie als Grund des Freien erklären muß, daß also Freiheit wie Vernunft ein

Abfallprodukt aus der Selbstmontage der Welt ist. Demgegenüber geht der Glaube, der den Logos als Anfang weiß, vom Primat der Freiheit aus. Nur die Bindung an den Logos gewährleistet die Freiheit als Strukturprinzip des Wirklichen.

Systemtheoretisch hat das Nachteile: Die Philosophien des Notwendigen behaupten, alles erklären zu können. Sie bieten Gebrauchsanweisungen, um mit Notwendigkeit die bessere Welt herbeizuführen. Die Philosophie der Freiheit, die aus dem Glauben kommt, kann das nicht. Sie hat keine Weltformel. Oder besser gesagt: Ihre Weltformel ist die Freiheit der Liebe Gottes, die uns in Jesus Christus ruft und immer neu der Freiheit des Menschen den Weg zeigt.

Das hat Auswirkungen bis in die praktischen Frömmigkeitsformen hinein. Einer apersonalen Philosophie entspricht eine apersonale Frömmigkeit. Auch unter Christen sind Tendenzen dieser Art nicht zu leugnen: der Mut des Glaubens an den uns hörenden persönlichen Gott zerfällt. Frömmigkeit wird so ein Sich-versinken-Lassen im Strom des Seins, Erlösung von der Last der Freiheit, von der Last des Personseins, Rückkehr in den Abgrund des Nichts. Christliches Beten aber ist Antwort von Freiheit auf Freiheit, Begegnung der Liebe. Wiederum trägt die Tendenz zur apersonalen Frömmigkeit ein Stück Wahrheit in sich: Sie sucht nach der Überwindung der Differenz, die uns von dem anderen und von den anderen trennt. Aber die Rücknahme des Seins, die Resignation, die darin liegt, rettet nicht. Wenn die Begegnung zweier Freiheiten Liebe wird, dann gerade geschieht Überwindung der Differenz. Nicht die Leugnung der Person, sondern ihr höchster Akt, die Liebe, schafft jene Einheit, nach der wir uns als Geschöpfe des dreieinigen Gottes vom Grund unserer Existenz her sehnen.[16]

[16] Vgl. dazu: Congregazione per la dottrina della fede, Lettera ai Vescovi della Chiesa Cattolica su alcuni aspetti della meditazione cristiana (Città del Vaticano 1989). Noch immer lesenswert zu dieser Frage J. A. Cuttat, Asiatische Gottheit - Christlicher Gott. Die Spiritualität der beiden Hemisphären. (Einsiedeln o.J. - 1971; franz. 1965).

So können wir am Ende sagen: Der Glaube ist kein bequemer Weg. Wer ihn als solchen anbietet, wird scheitern. Er stellt den höchsten Anspruch an den Menschen, weil er groß vom Menschen denkt. Aber gerade weil er dies tut, ist er schön und unserem Wesen gemäß. Wenn wir ihn in seiner ganzen Größe und Weite sehen, dann trägt er die Antworten in sich, nach denen unsere Stunde ruft.

II. Europa - Hoffnungen und Gefahren*

Vorüberlegung: Phänomenologie des gegenwärtigen Europa

Der Europa-Gedanke ist heute in ein merkwürdiges Zwielicht geraten. Er hatte seine große Stunde im Augenblick der Not, als der zum ideologischen Wahn gesteigerte Nationalismus die Länder des alten Kontinents verwüstet hatte. Nun besann man sich wieder auf die gemeinsame Wurzel, auf die in vielfältigem Austausch gewachsene gemeinsame Kultur, das sittliche und religiöse Erbe, auf die Rationalität dieser Kultur und ihre einheitsstiftende Kraft. Europa wurde in jener Situation zum Ausdruck des Einenden und Gemeinsamen, das den Trennungen vorauslag und durch sie nie ganz hatte ausgelöscht werden können. So hat der Europa-Gedanke in der Nachkriegszeit sich als positive moralische Kraft bewährt. Er wurde zum Siegel der Versöhnung nach dem Wahnsinn der Zerstörungen: Er ermöglichte eine Friedensordnung zwischen den einst Verfeindeten, ließ die Welt für den einzelnen offener und größer werden und gab zugleich wirtschaftlichen Wohlstand, ja Macht. Europa - ein Wort für Friede und Versöhnung: das ist das Große und Positive an der Europa-Erfahrung unserer Epoche. Dieser Aspekt des Europäischen meldet sich heute neu zu Worte, da nun auch die Türen zwischen Ost und West sich geöffnet haben. Deren Versöhnung war zwar nach dem Krieg vom Eisernen Vorhang nie völlig blockiert worden, mußte aber doch auf halbem Wege stehenbleiben. Die Suche nach ihrer Vollendung in einer tragfähigen politischen und wirtschaftlichen Gestalt vollzieht sich heute wieder im Zeichen der gemeinsamen Zugehörigkeit zu Europa. Die eng zusammengerückten

* Vortrag im Zusammenhang der 2000-Jahr-Feiern der Stadt Speyer. Den darauf Bezug nehmenden Schluß wollte ich bewußt als konkrete Exemplifizierung des Europa-Gedankens stehen lassen.

Länder des Westens stehen vor der Herausforderung, neue Weisen der Einheit in der Vielfalt zu finden, eine neue großräumige Friedensordnung zu konzipieren. Im Streit um die Wiedervereinigung Deutschlands melden sich auch die alten Ängste der nationalistischen Epoche von neuem zu Wort. Grenzen erscheinen wieder in ihrer unverrückbaren Bedeutung; der Gegensatz des Nationalen könnte stärker werden als die kaum gewachsene Gemeinschaft des Europäischen. Von neuem muß sich zeigen, ob Europa nur eine Idee ist oder eine reale Kraft der Versöhnung. Von neuem muß sich zeigen, ob die innere Einheit von Geschichte und Kultur, von Auftrag und Verantwortung stark genug ist, um der Grenze eine bessere Bedeutung zu geben als die der Trennung. Grenzen werden um so leichter zu respektieren sein, je mehr sie zugleich offene Wege sind; je mehr Minoritäten diesseits und jenseits ihr eigenes Wesen im Ganzen leben können; je mehr nirgendwo Ausschließlichkeit, sondern überall lebendiger Austausch, anerkannte Vielfalt und Gemeinsamkeit in der Vielfalt herrschen. Kein Vernünftiger kann heute wollen, daß in Europa neue Vertreibungen stattfinden und von neuem Grenzen verschoben werden. Aber ebensosehr verlangt die gemeinsame sittliche und politische Vernunft, daß Grenzen Stationen des Austauschs werden und nicht mehr bewaffnete Symbole der Absolutsetzung eines nationalen Prinzips sein dürfen.

So hat die Wende des Jahres 1989 auch dem Europa-Gedanken neuen Schwung gegeben. Wenn es seit den siebziger Jahren danach aussah, als würde das im Wort „Europa“ zusammengefaßte große Programm der Versöhnung und des sittlichen Aufbruchs langsam, aber sicher im Dickicht der Wirtschaftsbürokratie ersticken, so hat das Zerreißen des Eisernen Vorhangs mit einem Mal die ursprüngliche Herausforderung erneuert: Das gemeinsame Stehen in der sittlichen Größe Europa muß zu einer neuen Friedensordnung, zu einem Austausch der Gaben des Geistes und der Erde führen. Europa als politische Idee muß das nationalstaatliche Modell endlich durch ein großräumiges Konzept kultureller Gemeinschaft ersetzen, das Verfehlte am Weg des Nationalismus durch eine die Menschheit umfassende Solidarität ablösen. Denn nicht das Gegeneinander, sondern nur das Miteinander baut auch die einzelnen Nationen auf.

Bei dieser Überlegung sind bereits die zwei Motive angeklungen, die seit einiger Zeit Zweifel an der Gültigkeit des Europa-Gedankens genährt hatten. Das eine war das zunehmende Absinken der europäischen Idee in eine bloß ökonomische Arithmetik, die zwar Europas wirtschaftliche Macht in der Welt immer weiter steigerte, aber die großen ethischen Ziele immer mehr auf Besitzvermehrung reduzierte und in die reine Logik des Marktes einebnete. Das hatte schon innerhalb Europas selbst eine Art Kulturrevolution zur Folge: eine Standardisierung nicht nur der Waren, sondern auch des geistigen Ausdrucks, die zu einer Verflachung der Seelen und einer Uniformierung des Denkens von bisher nicht gekanntem Ausmaß zu führen droht. Gewachsene kulturelle Formen zerfallen; in der Landwirtschaft wie im Handel wie im Kleingewerbe führte der erdrückende Sog der großen anonymen Strukturen zu einem Verlust an persönlicher Gestaltungsfreiheit, der durch den Talmiglanz einer sittlich ungehemmten Freizeitwelt ersetzt werden soll.

Was so im Inneren Europas selbst geschah, zeigte sein wahrhaft tragisches Gesicht um so deutlicher in der nichteuropäischen Welt, der Südhälfte des Erdballs. Der Umschlag in der sittlichen Wertung des neuen Europa nach dem Krieg wird in dem Augenblick deutlich, in dem der anwachsende Besitz von Macht die frühe Anspannung der Versöhnung ablöste. Anfangs konnte Entwicklungshilfe als moralische Rechtfertigung des eigenen Reichtums gelten; es erschien als eine Frage der Zeit, daß auf diese Weise das „Wunder" Europas sich auf den Rest der Welt ausdehnen würde, um Nord und Süd im gleichen System des Wohlstands zu vereinigen. Daß zur selben Zeit Ost und West je auf ihre eigene Weise ihr „Glück" in die übrige Welt exportieren wollten und so auch ihren Antagonismus in sie trugen, ist nur *ein* Grund für das

Scheitern dieses Unterfangens. Die Ursachen dafür lagen auch in der rein mechanischen Vorstellung von Wohlstandsmehrung, also in der Art und Weise, wie man „Glück“ für die anderen auffaßte und daher Entwicklungshilfe praktizierte. Tatsache ist, daß die Wirtschaftshilfe in den geübten Formen nicht den allmählichen Aufstieg ganz anders gearteter Lebensräume bewirkte, sondern erst ihr wirkliches Elend produzierte. Der Export des Europäischen und des Amerikanischen wurde zwar zum Gewinn für die Geber-Länder, aber er verarmte die Empfänger. Er schuf statt Einheit Zorn und Trauer. So stieg der Selbstzweifel im inneren Europas auf. Der eigene Reichtum wurde zum Gefühl der Schuld. Eurozentrismus wurde zum Vorwurf, und die Geschichte der Triumphe Europas wurde nun zu einer Geschichte seiner Sündenfälle. Noch in der vorigen Generation hatte Paul Claudel seinen Christoph Columbus als das Drama der Befreiung Südamerikas von seinen blutigen Götzen schreiben können, als Weg zur Einheit der Menschheit in der Menschlichkeit des christlichen Glaubens, die den Partikularismus und die Unmenschlichkeit abergläubischer Kulte überwindet. Wer würde heute das Eintreten der Europäer in die südamerikanische Hemisphäre noch so darzustellen wagen? Nicht wenige sind der Meinung, daß es lieber umgekehrt hätte gehen sollen, daß man Europa hätte befreien müssen vom Christentum und von dem Herrschaftsanspruch, den es aus seiner Wahrheitsgewißheit ableitet. Aber auch wer nicht so weit geht, kann in der spanischen Landnahme weithin nur noch eine Geschichte gewaltsamer Unterdrückung, eine Geschichte voll Habsucht und Grausamkeit sehen, die auch durch das demütige Dienen so mancher großer Missionare nicht kompensiert werden kann. Die 500-Jahrfeier der ersten Begegnung zwischen Europa und Amerika, zu der man sich in Lateinamerika rüstet, steht im Zeichen solcher Fragen. Europa hat sich seit der schicksalhaften Fahrt des Columbus nach Amerika ausgedehnt, sich dort gleichsam noch einmal selbst dargestellt. War es Segen oder Fluch für Amerika und für Europa selbst? Die Bilanz des einen oder des anderen aufzustellen und beides gegeneinander abzuwägen, wird schwer sein. Die Mahnung, nicht einen Eurozentrismus zu wiederholen, der auch in Afrika und in Asien mit seiner törichten Selbstgewißheit so vieles zertreten und zerstört hat, muß jedenfalls Europa auf die Seele fallen.

Mit dieser in groben Strichen gezeichneten Bestandsaufnahme der Schicksale und Wirkungen des Europa-Gedankens in der zweiten Hälfte unseres Jahrhunderts sind zwei gegenläufige Aspekte des Phänomens Europa in Erscheinung getreten: Zum einen Europa als Idee und als Kraft der Versöhnung, die aus der nationalistischen Epoche herausführt und ein neues Modell von Völkergemeinschaft eröffnet; auf der anderen Seite aber erscheint Europa als Herrschaftsanspruch und als wirtschaftliche Gewalt, die anderes und andere vereinnahmt, das heißt das Eigenrecht und die eigene Lebensgestalt anderer mindert oder gar zerstört. Zwischen diesen beiden Polen bewegt sich Europa. Es muß seine Gefahr von seiner wahren Größe unterscheiden lernen: Davon hängt es ab, ob Europa ein Name des Segens oder des Fluches wird.

Unsere Frage lautet also: Was muß Europa tun, damit es seiner positiven Sendung entspricht? Was muß es lassen, damit es nicht aus seinem rechten Wesen in sein immer mögliches Unwesen herabsinkt? Ich möchte auf die Antwort in zwei Schritten zugehen. Bisher hatten wir uns mit einer Art Phänomenologie des Europäischen begnügt, das heißt mit einem Blick darauf, wie die Idee Europa heute wirkt und wie sie gesehen wird. Nun müssen wir etwas tiefer gehen und zu einer Art Gewissenserforschung kommen; wir müssen fragen: Was sind die wesentlichen Verfehlungen Europas, deretwegen es heute auf der Anklagebank sitzt? Wie kann man diese Verfehlungen erkennen und wie sie unterscheiden von dem, was das Große an Europa ist, sein gültiger Beitrag zur Geschichte der Menschheit? Der zweite Schritt besteht darin, daß Gewissenserforschung übergeht in die Suche nach dem Weg, also in die Frage, wie Europa sein und was es tun sollte.

1. Die zwei Sündenfälle Europas in der Neuzeit

a) Der Nationalismus

Beginnen wir also mit der ersten Frage: Welches sind die Sünden Europas und der Europäer, die sich möglichst nicht wiederholen oder fortsetzen sollten? Es wäre gewiß nicht schwer, einen langen Katalog von Verfehlungen aufzuzählen. Ich möchte das Negative in zwei großen Stichworten zusammenfassen, die sich im übrigen auf das gegenwärtig noch Wirksame oder Drohende konzentrieren, also auf das nach der Französischen Revolution entstandene Europa der Neuzeit im engeren Sinn bezogen sind. Den ersten Komplex von Verfehlungen möchte ich unter dem schon mehrfach gefallenen Stichwort Nationalismus zusammenfassen. Dies ist keine ganz neue Sünde; es ist nur die moderne Radikalisierung des Tribalismus, also eines Urlasters der Menschheit. Tribalismus steht als Verhängnis in der archaischen Geschichte; seine blutige Spur durchzieht die Jahrtausende. Aber dieses alte Laster gewinnt im europäischen Nationalismus des 19. und 20. Jahrhunderts eine neue Dimension, und dies auf zweifache Weise. Das Gebilde Nation ist im Lauf des Mittelalters und der frühen Neuzeit in einem komplizierten Prozeß kultureller und politischer Angleichung innerhalb stammesverwandter Räume gewachsen. Es präsentiert sich zum ersten Mal deutlich in der Französischen Revolution, in der die monarchische Einheit durch die nationale ersetzt wird. Im Lauf des 19. Jahrhunderts konstituieren sich Deutschland und Italien als Nationen, während in Spanien und Großbritannien die lange Geschichte eines weltweiten kolonialen Ausgriffs ein entsprechendes Unterscheidungs- und Sendungsbewußtsein hatte reifen lassen. Auch Polen findet in den Aufständen des 19. Jahrhunderts zum Bewußtsein seiner selbst als Nation; in Rußland war es nicht zuletzt die slawophile Theologie, die den Gedanken eines Gottträgervolkes und damit ein religiös geprägtes russisches Nationalbewußtsein geformt hatte. In Mitteleuropa hatte sich nach der von Preußen getragenen Gestaltwerdung eines deutschen Nationalstaats mit Österreich-Ungarn ein letztes Großgebilde erhalten, das nicht auf dem nationalen Prinzip beruhte. Das politische Hauptergebnis des Ersten Weltkriegs war die Liquidierung dieses letzten Restes einer früheren Staatsordnung und der Versuch, Europa nun endlich rigoros unter der nationalen Idee neu zu strukturieren - ein Vorgang voll innerer Widersprüche, der dann im Paroxysmus des nationalsozialistischen Wahns sein grauenvolles Finale fand.

Was aber war das Neue an diesem Konstruktionsprinzip? Zunächst dies, daß in geringerem oder größerem Maß bei den europäischen Völkern eine mythische Überhöhung der eigenen Nation vor sich ging. Eine jede davon empfand sich nun selbst als maßstäblich für die Verwirklichung des eigentlich Humanen und erhob darum den Anspruch, ihre eigene Lebensform und damit ihre Macht in der ganzen übrigen Welt zur Geltung zu bringen. Man könnte von einer eigentümlichen Verbindung zwischen Nationalismus und Universalismus sprechen: Die Einheit der Welt sollte im Zeichen der eigenen Nation entstehen; sie beruhte auf dem Vorrang des Eigenen und nicht auf dem Ausgleich des Ganzen. Das „Gott mit uns" war Ausdruck einer Vereinnahmung des Heiligen, in der man die Kräfte des Christlichen fürs Nationale zu mobilisieren versuchte. Das je eigene Christentum galt als das reinere, wie dies zum Beispiel Harnack in seiner Gegenüberstellung der drei Grundgestalten des Christlichen - der römischen, der germanischen und der byzantinisch-slawischen - geradezu klassisch dargestellt hatte.[1] Merken wir dabei nur in Klammern an, daß das Selbstbewußtsein des germanischen Christentums gegenüber dem romanischen und dem slawischen auch heute ungebrochen ist und über den Verlust der religiösen Substanz hinaus als Mythos weiterwirkt und Emotionen begünstigt, die der Einheit im Wege stehen. Diese Mythisierung des Nationalen

[1] A. v. Harnack, Das Wesen des Christentums. 1900, Jubiläumsausgabe (Stuttgart 1950) 113-117.

hat ihre eigentliche Sprengkraft dadurch gewonnen, daß sie sich mit dem Fortschrittsglauben und mit dem Mythos der technischen Welt verband. Die Lebensgestalt der eigenen Nation zeigt danach den Weg, auf den der Fortschritt weist; alle anderen erscheinen als weniger fortgeschritten und müssen daher denselben Weg nachgehen. Die Macht der wirtschaftlich-technischen Zivilisation hat den so programmierten Auseinandersetzungen ihre weltweite zerstörerische Gewalt gegeben; sie hat den archaischen tribalistischen Affekt mit ihrer Pseudorationalität zur Menschheitsbedrohung werden lassen. In diesem Zusammenhang müßte vom Kolonialismus und von seinem Export europäischer Kriege in die fremden Erdteile gesprochen werden; es müßte auch die neue Dimension der Sklaverei bedacht werden, die im Zusammenhang der großen Entdeckungen der frühen Neuzeit ausgebildet wurde und nun als Hypothek der Schuld auf der europäischen und der amerikanischen Geschichte lastet.

b) Die Ausschließlichkeit der technischen Vernunft und die Zerstörung des Ethos

Der Europa-Gedanke wurde nach dem Zweiten Weltkrieg formuliert, um die nationalistische Häresie endgültig zu bannen und ein neues Prinzip der Politik zu gewinnen, das nicht auf gegenseitige Ausschließung, sondern auf Ergänzung und Kooperation abzielt. Obwohl der Nationalismus in Europa geboren wurde und insofern eine europäische Häresie ist, dürfen wir doch die erneuerte Idee des einen Europa als Gegenkraft gegen diesen Irrweg unserer Geschichte ansehen und allen Rückfallversuchen entschieden entgegensetzen. Die Gefahr des Nationalismus ist zwar nicht einfach überwunden, aber sie ist - wir hoffen es - doch nicht die eigentliche Versuchung unserer Stunde. Die beruht auf einem zweiten Sündenfall, dem wir nun auf den Grund zu gehen versuchen müssen. Gemeint ist die in den extremen Formen des Nationalismus schon anklingende Verbindung von Fortschrittsglaube, Absolutsetzung der wissenschaftlich-technischen Zivilisation und Verheißung der neuen Menschheit, des messianischen Reichs. Am konsequentesten durchgebildet war diese dreifache Verknüpfung zu einem politischen Mythos von fast unwiderstehlicher Kraft ohne Zweifel im Marxismus. Deswegen sind nicht wenige euro-päische Intellektuelle ratlos, wenn sie nun versuchen sollen, ohne ihn auszukommen, zumal ihr eigenes Unschuldsbewußtsein und die Übersichtlichkeit der Schuldzuweisungen eng mit dieser mythologischen Synthese verknüpft waren. Wieweit es in diesem geistigen Klima Restaurationen des Marxismus geben wird, ist im Augenblick nicht abzusehen; ein Bedarf dafür könnte auch dadurch entstehen, daß er den verlorenen christlichen Glauben durch eine Dynamik der Hoffnung zu ersetzen schien, die sich schon zu einer Art von nachchristlicher Religion aufgeschwungen hatte. Einstweilen bleibt zu hoffen, daß der Schmerz der Befreiten, alles, was sie durchlitten und durchschritten haben, eindringlich genug zur Welt spricht, um weittragendere Formen der Restauration zu verhindern.

Wenn das Geschehene zum Heil werden soll, müssen wir uns allerdings bewußt werden, daß der Marxismus nur die radikale Durchführung eines ideologischen Konzepts war, das auch ohne ihn weitgehend die Signatur unseres Jahrhunderts bestimmt. Wir hatten vorhin sein politisches und geschichtliches Wesen zu fassen versucht, indem wir ihn als die Verknüpfung von Fortschrittsglaube, verabsolutierter wissenschaftlich-technischer Zivilisation und politischem Messianismus darstellten. Das Bemerkenswerte an dieser seltsamen Trinität ist aber nun, daß dieses Gefüge den Gottesbegriff ersetzt und ihn notwendig ausschließt, da es ja an seine Stelle tritt. Dieser systematische Ausschluß des Göttlichen aus der Gestaltung von Geschichte und Menschenleben unter Berufung auf die Endgültigkeit wissenschaftlicher Einsicht ist vielleicht das eigentlich Neue und zugleich das wahrhaft bedrohliche Element an jenem seltsamen Produkt Europas, das wir Marxismus nennen. Ich behaupte nun, daß auch außerhalb des marxistischen Denkens in der Lebenswelt des Westens diese gleiche Kombination in weniger strengen Formen wirksam ist. Wenn es ihr gelingen sollte, sich endgültig durchzusetzen, so wäre dies einerseits Eurozentrismus im schlechten Sinn des Wortes, andererseits aber auch zugleich das Ende dessen, was Europa zu einer positiven Kraft in der Welt machen könnte.

Dem wird man sofort entgegenhalten, daß heute das Ressentiment gegen Technik und Wissenschaft immer mehr um sich greife und daß der Fortschrittsglaube längst einer resignierten Skepsis gewichen sei. Aber Ressentiment und Skepsis sind keine Fundamente, auf die man bauen kann; sie taugen nicht zur Überwindung von Ideen, über die man nur durch ein größeres und besseres Ja, nicht durch Negationen und Halbherzigkeiten hinauskommt. Tatsächlich werden sich Technik und Wissenschaft mit einer immanenten Notwendigkeit auch in Zukunft fortentwickeln, und ebenso ist ihre Weitergabe logische Folge ihrer Universalität. Sie kann nicht durch den romantischen Traum verbleibender vortechnischer Paradiese begrenzt werden, mit dem man anderen verweigern will, was man selbst nicht missen möchte. Bessere Mittel müssen gefunden werden, ihre Schäden zu begrenzen. Das Weitergehen der technischen Entwicklung wird aber auch dafür sorgen, daß der Fortschrittsglaube nicht ausstirbt und damit in wechselnden Formen auch der politische Messianismus lebendig bleibt: Irgendwann und irgendwie müsse es doch gelingen, endlich einmal die bessere Welt und den neuen Menschen zu schaffen - wer wagt sich eigentlich diesem Traum zu entziehen, der inzwischen zur eigentlichen Menschheitshoffnung und -tröstung geworden ist? Wer dies tut, würde heute ungefähr so angesehen wie ehedem der Atheist - als Leugner dessen, was überhaupt die Welt im Gange hält. Beides zusammen aber, der technische Fortschritt und der Glaube, von ihm her lasse sich die neue Welt konstruieren, zieht ganz logisch die Meinung nach sich, man müsse Gott aus dem Geschichtshandeln herauslassen und die Vorstellung darüber, ob es ihn gebe und wer er sei, ganz in den Bereich des Privaten und damit Beliebigen abschieben. In diesem Sinn wird der Bereich der Religion zum eigentlichen

Ort der Toleranz: Heilig muß ihr vor allem sein, daß sie aus diesem Toleranzbereich des bloß Privaten nicht heraustritt und nicht Öffentlichkeitsrechte in Anspruch nimmt. Das alles aber bedeutet, daß Europa Mechanik ohne Ethos und letztlich gegen das Ethos exportiert; daß mit der Übermacht der technischen Fortschrittsideologie jene großen sittlichen Traditionen zerstört werden, auf denen die alten Gesellschaften beruhten, während die dunklen Praktiken des Zaubers und der Magie fortbestehen oder sogar verstärkten Einfluß gewinnen. Es bedeutet weiterhin, daß der Geist des Habens, des Machens und der Flucht ins Morgen mit seiner leeren Verheißung weltweit werden. Es bedeutet eine Einheit der Menschheit, die zugleich ihre wahrhaft vereinigenden Kräfte und ihre großen gemeinsamen sittlichen Grundüberzeugungen zum Erlöschen bringt. Robert Spaemann hat die Frage präzis formuliert, um die es hier geht: „Kann Europa es ... verantworten, durch die Universalisierung wissenschaftlicher Vergegenständlichung der Welt und zweckrationaler Organisation des Lebens alle traditionellen Kulturen zu zerstören, dasjenige aber für sich zu behalten, was allein diese Zerstörung... kompensieren kann: den Gedanken des Unbedingten. Dieser Gedanke ist in seinem Kern und Ursprung der Gottesgedanke."[2]

Tatsächlich werden die Folgen der Zerstörung ethischer Grundlagen heute dramatisch sichtbar in der epidemischen Ausbreitung einer Zivilisation des Todes. Die Droge ist der Versuch, die künftig erst zu bauende Welt heute schon zu antizipieren. Dies ist ganz logisch, denn keiner der Bauleute wird diese Welt erleben. So muß er sie sich vorweg auf andere Weise erschließen. Die Länder, die von der Erzeugung der Droge leben, sind jenen, die sie verbrauchen, in einer Straße des Todes verbunden, die immer breiter wird und sich immer weniger zu verstecken braucht. Terrorismus bedarf heute keiner ideologischen Beschönigung mehr; er zeigt sich nackt als die

[2] R. Spaemann, Universalismus oder Eurozentrismus? in: K. Michalski (Hg.), Europa und die Folgen (Stuttgart 1988) 313-322, Zitat 320f.

Selbstverständlichkeit der Gewalt, die sich durch ihre Erfolge rechtfertigt. Räuberbanden fordern den Staat heraus und können sich als eine Art Gegenstaat etablieren. Im übrigen haben wir in unserem Jahrhundert auch schon den nächsten Schritt erlebt: Staaten, die in die Hände von Räuberbanden gefallen sind - besonders augenfällig im Reiche Hitlers, aber unbestreitbar auch dort, wo ein Archipel Gulag Ausdruck staatlicher Unterdrückungsmacht wurde.

2. Diagnose von den geschichtlichen Wurzeln her

a) Was unterscheidet den Staat von der gut geführten Räuberbande?

Was falscher Eurozentrismus ist, liegt damit offen zutage. Aber wie kann er überwunden werden? Und was kann, was soll Europa wirklich sein und geben? Der Weg zu dieser Überlegung öffnet sich, wenn wir das Stichwort „Staat als Räuberbande“ etwas näher untersuchen und uns mühen, den genauen Unterschied zwischen einer gut organisierten Gesellschaft von Räubern und einem wirklichen Staat zu erfassen. Das Wort, daß Staaten ohne Gerechtigkeit nichts seien als ins Unabsehbare gewachsene Räuberbanden, hat zuerst Seneca geprägt, der vom Erzieher Neros zum Märtyrer seiner Tyrannei wurde.[3] Es kehrt wieder bei Tacitus und erneut im Munde jenes stoischen Märtyrers, der dem Kaiser Commodus auf die Frage, warum er ihm die Anerkennung seiner kaiserlichen Göttlichkeit versage, die er doch seinem Vater Marc Aurel zugestand, antwortete: "Das kam wohl deinem Vater ... zu, der ein Weiser und Vollkommener war, aber nicht dir, dem Tyrannen und Räuberhauptmann.“[4]

Seine konkrete Prägung hat das Wort also durch die praktische Erfahrung von Herrschern erhalten, die in Wirk-

[3] E. von Ivánka, Rhomäerreich und Gottesvolk (Freiburg 1968) 17.

[4] ebd. 17f.

lichkeit Räuber waren. Aber seine philosophischen Voraussetzungen liegen tiefer. Sie zu betrachten, führt uns in den Kern griechischer und römischer Staatsphilosophie, in der die geistigen Wurzeln Europas liegen: die Maßstäbe des Guten und die Drohung seines Verderbs. Als älteste Wurzel läßt sich eine Drei-Reiche-Lehre noch vorsokratischer Herkunft ausmachen, wo die Völker nach ihren Anlagen und ihren geographischen Zonen gegliedert wurden. Die Völker im Norden seien gekennzeichnet durch kriegerische Wildheit, aber auch individualistische Unbändigkeit, so daß es dort nicht zu geregeltem Gemeinschaftsleben und zur Bildung wirklicher Staaten komme. Bei den Völkern des Ostens und Südens herrsche Genußsucht, Servilität und politische Indolenz, so daß sie sich trotz Wissenschaft, Kunstgeschick, gewerblichem Fleiß und kaufmännischer Geschicklichkeit leicht von Despoten unterjochen ließen. In der gemäßigten Zone endlich - in Hellas - finde sich das rechte Gleichgewicht zwischen kriegerischem Mut und friedlichen Begabungen, so daß hier die wahre Polis verwirklicht werde, „in der die staatliche Ordnung nicht die individuelle Freiheit erdrückt und die zügellose Unabhängigkeit nicht das Staatsgebilde sprengt".[5]

Es war die große Leistung Platons, daß er dieses Drei-Staaten-Schema aus der geographischen Einteilung herausnahm und es statt dessen mit den drei Grundweisen menschlicher Existenz verknüpfte, Politik also an Anthropologie band. Er spricht von drei Seelenteilen im Menschen, aber wir können stattdessen auch einfach von drei Grundweisen der Integration oder Desintegration des Menschen reden. Die Gestalt des Staates wird davon abhängen, welche dieser drei anthropologischen Grundformen die Oberhand gewinnt. Es gibt die Herrschaft des Niedrigsten im Menschen - die Herrschaft der Gier, der Gier nach Habe, nach Macht, nach Lust. Verstand und Herz werden instrumentalisiert für das Niedrige; der Mensch sieht im anderen nur noch den Konkurrenten oder das

[5] ebd. 35-42, Zitat 37.

Instrument für die Ausweitung seines eigenen Ich. Markt und Meinung regieren über den Menschen und werden zur Karikatur der Freiheit. Über der Gier steht in Platons anthropologischer Formel der bloße Wille, die Kühnheit des Wagens und Unternehmens, die aber blind bleibt. Die wahre Instanz der Integration des Menschen ist für Platon der „Nous", was wir sehr unzulänglich mit Vernunft oder Verstand übersetzen. Gemeint ist die Fähigkeit, die eigentlichen Maße des Seins selbst wahrzunehmen, das Organ für das Göttliche.[6] Nur von diesem Ausgriff des Menschen über sich hinaus erfolgt die Integration des einzelnen in sich selbst und mit sich wie die Integration der Gemeinschaft. Nicht das Interesse, sondern nur die Wahrheit kann die Menschen gültig verbinden und so Freiheit und Recht in ihrer inneren Einheit zur Geltung bringen.[7]

An dieser Stelle läßt sich nun ziemlich genau beantworten, was den Unterschied zwischen einer Großgruppe von Räubern und einem wirklichen Staat ausmacht: Bloß pragmatische und daher notwendig parteiliche, gruppenbestimmte Maßstäbe sind ihrem Wesen nach das Konstitutiv geordneter Räubergemeinschaften. Etwas anderes als sie, das heißt als die sich allein nach ihren Zwecken regelnde Großgruppe besteht nur, wenn eine Gerechtigkeit ins Spiel kommt, die sich nicht am Gruppeninteresse mißt, sondern an einem universalen Maß. Erst das nennen wir „Gerechtigkeit", die den Staat konstituiert. Sie schließt Schöpfer und Schöpfung als ihre Orientierungspunkte ein. Das bedeutet, daß ein grundsätzlich Gott gegenüber agnostischer Staat, der Recht nur noch auf Mehr-

[6] ebd. 38.

[7] In diesem Zusammenhang möchte ich auf das bedeutende Werk des tschechischen Philosophen J. Patocka, Platon et l'Europe, Paris 1983 verweisen, das - mitten in der Bedrängnis der kommunistischen Diktatur geschrieben - ganz bewußt auf Platon zurückgreift und ihn von seinem Grundanliegen der „Sorge um die Seele" her als Vater Europas - dessen, was Europa sein soll - interpretiert. Patocka findet bei Platon drei Ebenen, auf denen sich die „Sorge um die Seele" vollzieht: Zuerst das Heraustreten aus dem Intimismus und der Verschlossenheit des Bewußtseins, das Sich-Einordnen in die Wirklichkeit, wie es die platonische Metaphysik vollzieht; dann die ethisch-politische und schließlich als drittes die ethisch-religiöse Ebene. Vgl. auch A. Rigobello, Platone „padre" dell'idea d'Europa, in: Osserv. Rom, 27. 4. (1990) 3.

heitsmeinungen aufbaut, von innen her zur Räubergruppe absinkt. Darin muß man Augustins abschließender Interpretation der platonischen Tradition einfach Recht geben: Wo Gott ausgeschlossen wird, ist das Prinzip Räuberbande - in unterschiedlich krassen oder gemilderten Formen - gegeben. Das beginnt sichtbar zu werden dort, wo das geordnete Umbringen unschuldiger Menschen - Ungeborener - mit dem Schein des Rechtes umkleidet wird, weil es die Deckung des Interesses einer Mehrheit hinter sich hat.[8]

b) Fortschritt und Rückschritt

Wir müssen noch einmal kurz zu Platon und zur antiken Staatsphilosophie zurückkehren. Platon hatte, wie wir sahen, das Drei-Reiche-Schema in ein anthropologisches Schema umgewandelt, aber es zugleich als zyklisches Geschichtsschema gedacht: Für ihn ist dies die Formel geschichtlicher Dekadenz. Die Staaten steigen einer inneren Gesetzlichkeit des Lebens entsprechend von der ersten zur zweiten zur dritten Stufe ab. Trotzdem ist Platon kein Pessimist: Es handelt sich für ihn nicht um einen linearen Verlauf der Geschichte, sondern um einen stets neu sich wiederholenden Prozeß. Nach jedem Absturz beginnt die Geschichte mit anderen Subjekten von vorn. Sie hat keine endgültige Richtung; sie ist ein Zyklus von Wiederholungen. Jedem Aufstieg folgt Abstieg und umgekehrt; kein politisches Gebilde wird ewig bestehen, und keines ist die Endstation der Geschichte. Ursprünglich war dies auch die Meinung der Römer, die in der republikanischen Zeit noch keineswegs mit der Ewigkeit Roms rechneten. Sallust formuliert ausdrücklich, alles Gewordene gehe auch wieder unter.[9]

Die Philosophie der römischen Kaiserzeit sieht es anders: Sie greift biblische Gedanken auf, erweitert das Drei-Reiche-

[8] Augustinus, De civ. Dei IV 4, CChr XLVII 101; dazu J. Ratzinger, Die Einheit der Nationen (Salzburg 1971) 71-103.

[9] Ivánka, a.a.O. 40ff.; zu Sallust S.45 Anm. 84.

Schema zur Idee von vier Reichen, deren letztes - Rom - unvergänglich und die eigentliche Erfüllung menschlicher Gemeinschaftsbildung sei. Das zyklische Schema ist abgelöst durch das lineare, das keine Abstiege mehr kennt, sondern Geschichte als Fortschritt konstruiert, der in Rom sein Ziel erreicht habe. Der Fortschrittsglaube war gewonnen, der freilich auf den Widerspruch derer stieß, die unter der römischen Herrschaft zu leiden hatten und sie daher nicht als den Zielpunkt der Geschichte anerkennen konnten.[10]

Es wäre reizvoll, die Synthese zu bedenken, in der Augustinus nach der Plünderung Roms durch die Westgoten im Jahre 410 unter den drohenden Zeichen kommenden Untergangs platonische und römische Tradition von der neuen Vorgabe des christlichen Glaubens her verschmolz. In der Verbindung von zyklischer und linearer, von aufsteigender und absteigender Geschichtsbetrachtung hat er deren Einseitigkeiten korrigiert und so die geistigen Grundlagen geschaffen, aus denen Europa sich bilden konnte. Gewiß, auch sein Werk ist nicht frei von Einseitigkeiten; es bot zu Mißverständnissen Anlaß, die auf Abwege führten. Aber in seinem wesentlichen Kern hat es sich als stark genug erwiesen, um positiv Geschichte neu nach dem Zusammenbruch des römischen Reichs zu bauen. Seine Ansätze waren so offen und weit, daß sie Entwicklung und Vertiefung gestatteten, zugleich aber so groß und so rein, daß man auf dem rechten Weg bleibt, wenn man ihrer Richtung folgt. Aber wir können hier nicht in historische Untersuchungen eintreten. So möchte ich statt dessen zum Abschluß einige Thesen formulieren, in denen die Scheidelinie zwischen Wesen und Unwesen Europas, zwischen seiner Verheißung und seiner Gefährdung sichtbar werden soll.

[10] ebd. 39f; vgl. zum Ganzen auch A.A.I. Ehrhardt, Politische Metaphysik von Solon bis Augustin. I. Die Gottesstadt der Griechen und Römer. II. Die christliche Revolution (Tübingen 1959). III. Civitas Dei (ebd. 1969).

3. Konsequenzen für den künftigen Weg

a) Absage an den Fortschrittsglauben

Eine erste These muß sich gegen den Mythos des Fortschritts wenden, der die Kräfte des Heute an ein imaginäres Morgen verschwendet und damit weder dem einen noch dem anderen dient. Augustinus hat sich unter Schmerzen dazu bekannt, daß keinem politischen Gebilde Ewigkeit verheißen ist und daß daher auch das römische Reich trotz seiner positiven Leistung, trotz seiner Macht und auch trotz seines Rechts untergehen könne. Auch heute gilt, daß keine politische und kulturelle Gestalt Ewigkeit in Anspruch nehmen kann. Auch Europa, auch die europäische Kultur kann untergehen. Das bedeutet nicht Resignation, sondern Nüchternheit. Denn das Wesentliche an dieser Aussage ist nicht die Feststellung eines möglichen Endes, sondern die Einsicht, daß niemand die endgültige, vollkommene Gestalt der Menschheit konstruieren kann. Die Zukunft bleibt immer offen, weil menschliches Zusammenleben immer unter dem Zeichen menschlicher Freiheit steht und daher immer auch in der Möglichkeit des Versagens. Das aber bedeutet: Das Feld des politischen Handelns ist nicht die Zukunft, sondern die Gegenwart. Der Politiker ist nicht der Arrangeur einer irgendwann kommenden besseren Welt, sondern er trägt Verantwortung dafür, daß die Welt heute gut sei, damit sie auch morgen gut sein könne. Die angebliche bessere Welt von morgen ist eine Fata Morgana, die dem Heute seine Kraft und seine Würde nimmt, dem Morgen aber dabei nicht dient. Denn die Vorstellung, man könne durch das Eingehen auf die Gesetze der Geschichte endlich doch als Produkt aller Wege und Umwege so etwas wie das irdische Paradies konstruieren, ist freiheitsfeindlich und darum unmenschlich. Sie setzt voraus, daß die Geschichte einmal nicht mehr auf Freiheit, sondern auf definitiven Strukturen beruhen wird. Die doppelte Paradoxie dieser Erwartung besteht darin, daß man den Menschen nicht zur Freiheit, sondern von seiner Freiheit befreien will; daß man absolute Maßstäbe - Gott - ausschalten und gerade so das Absolute - die endgültige Gesellschaft - erreichen möchte. Hölderlin hat mit Recht über derartige Bemühungen gesagt: „Immerhin hat das den Staat zur Hölle gemacht, daß ihn der Mensch zu seinem Himmel machen wollte.“[11] Wie wahr das ist, wissen wir heute mehr, als man es damals sehen konnte. Vom Mythos innerweltlicher Eschatologien müssen wir Abschied zu nehmen lernen. Wir dienen dem Morgen dann am besten, wenn wir im Heute gut sind und wenn wir es gestalten in der Verantwortung vor dem, was heute und morgen das Gute *ist*.

b) Die Überordnung der Ethik über die Politik

Damit sind wir bereits bei einer zweiten These angelangt. Politisches Handeln im Zeichen des Fortschrittsmythos, so haben wir gesehen, verkennt die in jeder Generation neu zur Entscheidung aufgerufene Freiheit des Menschen und ersetzt sie durch vermeintliche Naturgesetze der Geschichte. Dieses freiheitswidrige Wesen seines Ansatzes bedeutet zugleich seinen antimoralischen Charakter. Moral wird durch Mechanik ersetzt. Damit aber ist die eigentliche Grundlage menschenwürdiger Politik verneint. Denn diese Grundlage ist die Gerechtigkeit, und zwar eine nicht von der Gruppe allein, sondern von universalen moralischen Maßstäben bestimmte Ordnung des Rechts. Helmut Kuhn hat dazu treffend bemerkt: „Der Aufbau des politischen Machtgebildes muß Hand in Hand gehen mit dem inneren Aufbau, will sagen der Erziehung - nicht etwa der Erziehung für den Staat (damit wäre die Ordnung von Grundlage und Grundgelegtem vertauscht), sondern der Erziehung zum Menschen, der als solcher auch Staatsbürger ist.“[12] Ohne die ständige Mühe um den moralischen Konsens in den großen Grundfragen des menschlichen Ethos gibt es

[11] Vgl. H. Kuhn, Der Staat (München 1967) 38.

[12] ebd. 85.

keine öffentliche Macht des Moralischen und ohne diese kein gelingendes Miteinandersein der Menschen. Noch einmal hat Helmut Kuhn hier das Wesentliche präzis formuliert: „Mit dem Triumph des Hegelianismus in Deutschland, der den Nationalsozialismus in seinem Wachstum begünstigt und dann überlebt hat, ist an die Stelle der Ethik die Geschichtsphilosophie getreten und das Gute ist mit dem Zeitgemäßen gleichgesetzt worden. In einem durch diese Substitution bestimmten denkerischen Klima muß die Überordnung der Ethik im Verhältnis zur Politik als eine moralistische Vergewaltigung des Wirklichen erscheinen, und auch das Beispiel einer vollendet de-humanisierten Politik hat nicht genügt, diesen Irrtum zu berichtigen."[13]

Hier geht es um eine sehr subtile Balance. Der Staat ist nicht das Reich Gottes, so sagten wir; er kann auch nicht selbst Moral hervorbringen. Er bleibt gerade dann ein guter Staat, wenn er diese seine Grenzen einhält. Aber zugleich gilt, daß er von einer transpolitischen Grundlage lebt und daß er nur gut bleiben kann, wenn die Grundlagen in Kräften sind, die er nicht selbst hervorbringt. Der Staat darf - mit anderen Worten - sich nicht selbst zur Religion machen; er muß profan bleiben und sich von der Religion als solcher unterscheiden. Aber er darf auch nicht in den puren Pragmatismus des Machbaren abgleiten, sondern muß um den Bestand sittlicher Überzeugungen ringen, denn nur durch Überzeugung kann Ethos Macht sein und so dem Staat den Weg vorgeben.[14] Bevor wir in einer dritten These die abschließende Konsequenz aus diesen Überlegungen ziehen, muß deren Inhalt noch etwas konkretisiert werden. „Gerechtigkeit" ist das Unterscheidungsmerkmal zwischen Staat und Räuberbande, hatten wir früher gesagt. Auch die Räuberbande pflegt nun freilich ihre gruppenbezogene Gerechtigkeit. Gerechtigkeit, die mehr ist als Regulierung von Gruppeninteressen, muß daher einem universalen Maßstab unterstehen. Praktisch bedeutet das

[13] ebd. 29.

[14] Vgl. zu den hier angesprochenen Fragen die wichtige Studie von H. Schambeck, Ethik und Staat (Berlin 1986).

für jeden einzelnen Staat heute, daß er sein nationales Gemeinwohl demjenigen der Menschheit unterordnen muß. Kein Staat kann mehr nur Gerechtigkeit intern und für sich allein wollen; nur in der Einordnung ins Ganze der Menschheit sorgt er richtig auch für das Gut der Seinigen. Rechte europäische Universalität muß in dieser Selbstüberschreitung und Selbstüberwindung der einzelnen Staaten bestehen. Wir müssen heute wieder erreichen, was der Grieche Aelius Aristides im 2. Jahrhundert nach Christus in seiner Lobrede auf Rom sagte: „Alles ist für alle da. Niemand ist irgendwo ein Fremder..."[15]

c) Die Unverzichtbarkeit des Gottesgedankens für die Ethik

Den letzten Schritt unserer Überlegungen eröffnet eine Frage: Was aber ist nun gut für alle? Der bloße Begriff des universalen Gemeinwohls genügt nicht; er verlangt nach einem Maßstab. Die Idee des weltweiten Gemeinwohls wird erst dann zur sittlichen Idee und damit menschenwürdig, wenn wir die sokratische Unterscheidung zwischen dem Guten und den Gütern neu erlernen. Noch einmal finden wir uns auf das Ethos als Grundlage alles Wohlseins verwiesen. Das Gute hinter und über den Gütern ist in der europäischen Tradition auf einer Grundlage formuliert worden, die Europa sich nicht selbst gegeben, sondern aus höherer Überlieferung empfangen hat: in den Zehn Geboten, in denen im übrigen Israel und die Christenheit mit den ältesten und reinsten Traditionen der ganzen Menschheit kommunizieren. In ihnen ist auch der wesentliche Kern dessen grundgelegt, was die frühe Neuzeit unter dem Begriff der Menschenrechte formuliert hat; sie sind ihrerseits die Grundlage der Unterscheidung des sich selbst begrenzenden vom totalitären Staat geworden. Der Religionsphilosoph Georg Picht hat gezeigt, daß die Lehre von den Menschenrechten sich auf die Überzeugung von der Gottebenbildlichkeit des Menschen stützt und so die europäische Metaphysik

[15] Vgl. Ivánka, a.a.O. 35.

impliziert. Er hält aus diesem Grund auch die Menschenrechte für relativ, für eine vorübergehende europäische Erscheinung, die nicht Grundlage universaler Ordnung sein könne. Dem hat Robert Spaemann entgegengehalten: „Die Menschenwürde ist dem, der unter ihrer Erniedrigung leidet, ein evidentes Postulat. Und so muß er jede theoretische Überzeugung für falsch halten, die dieses Postulat desavouieren würde.“[16] Das Leiden der Unterdrückten wird hier der hermeneutische Ort, an dem Erkenntnis der Wahrheit aufgeht. Die Konsequenz, die der Münchener Philosoph aus diesen Einsichten zieht, scheint mir unausweichlich: „Wenn Europa nicht seinen Glauben exportiert, den Glauben, daß - um mit Nietzsche zu reden - ‘Gott die Wahrheit, daß die Wahrheit göttlich ist’, dann exportiert es unvermeidlich seinen Unglauben, das heißt die Überzeugung, daß es keine Wahrheit, kein Recht, daß es das Gute nicht gibt... Ohne den Gedanken des Unbedingten ist Europa nur noch ein geographischer Begriff. Im übrigen ein Name für den Ursprungsort der Abschaffung des Menschen.“[17] Europa - so möchte ich hinzufügen, wird nicht aufhören können und auch nicht aufhören dürfen, seine Technik und seine Rationalität zu exportieren. Wenn es aber nur dies tut, zerstört es die großen religiösen und sittlichen Traditionen der Menschheit, zerstört es die Grundlagen des Menschseins und unterwirft die anderen einer Gesetzlichkeit, die es auch selbst zerstören wird. Das wäre Eurozentrismus im negativen Sinn. Es muß mit seiner Rationalität auch deren inneren Ursprung und deren sinngebenden Grund weiterreichen - die Erkenntnis des Logos als Grund aller Dinge, den Blick auf die Wahrheit, die auch Maßstab des Guten ist. Dann führt es die großen Traditionen der Menschheit zusammen in einem Geben und Empfangen, in dem allen alles gehört und keiner dem anderen ein Fremder ist.

[16] Spaemann, a.a.O. (s. Anm. 2) 321f.

[17] ebd. 322.

Schluss: Speyer – Spiegel europäischer Geschichte

Am Ende dieses Versuchs, Europa in seinem Wesen und in seinem Unwesen zu definieren, muß noch der Blick auf den Ort fallen, der Anlaß unserer Überlegungen geworden ist: auf das 2000jährige Speyer, das im Auf und Ab seiner Geschichte ein Spiegel Europas ist, seiner tragenden wie seiner zerstörenden Kräfte, seiner Hoffnungen und seiner Gefahren. An der Wegscheide zwischen Gallien und Germanien gelegen, hat es den Aufstieg wie den Untergang des Römischen Reiches erlebt, bald als offener Raum, in dem der Rhein nicht Grenze, sondern Straße und Weg der Begegnung war, bald als Feste, in der sich feindliche Mächte gegenüberstanden. In der Phase des Untergangs und des Übergangs zu Neuem verschmelzen sich hier die gallisch-romanische Bevölkerung und die neuen Stämme der Alemannen und der Franken. Dann kamen die irischen Mönche, die nicht wanderten, um Land und Macht zu erwerben, sondern um mit dem fremden Christus fremd zu sein und Fremde zur Heimat zu gestalten, in der niemand mehr ein Fremder ist. So konnte im 9. Jahrhundert aus dem alten Tempelberg der Domhügel einer erneuerten Stadt werden. Der Dom der salischen Kaiser, der ihm folgt, versucht die Einheit von Kirche und Reich, den neuen Gottesstaat baulich darzustellen, in dem Königtum und Priestertum einander geschwisterlich zugeordnet sind. Aber noch während der Bau im Gang ist, zieht der Investiturstreit die Grenzen neu, und der Dom in seiner Vollendungsgestalt ist so gerade auch Zeugnis dafür, daß es den Gottesstaat auf Erden nicht geben kann. Er versinnbildet Einheit und Spannung zugleich. Ich möchte die wechselvolle Geschichte im Zeitalter der Reformation und des Absolutismus mit den ersten Vorzeichen des europäischen Nationalismus nicht weiter verfolgen. Eines ist deutlich: in keiner Phase lebte diese Stadt ohne den Blick auf das Heilige, ohne den Versuch, vom Mitwohnen mit Gott her das rechte Miteinanderwohnen der Menschen zu erlernen. So mag uns dieser Ort zum einen ein Lehrstück sein für die Unvollkommenheit aller menschlichen Geschichte, die auch wir nicht durchbrechen können. Zum anderen aber ist seine Geschichte gerade auch in ihren Untergängen ein Lehrstück der Hoffnung. Wie Europa im dritten Jahrtausend nach Christus aussehen wird, wissen wir nicht. Aber wir wissen, was in allen Jahrtausenden das Tragende und Beständige, weil zugleich das unendlich Offene ist. Europas Größe beruht auf einer Vernünftigkeit, in der Vernunft über alles Lernen und Können hinaus ihr Höchstes nicht vergißt: Vernehmen des Ewigen zu sein, Organ für Gott. Möge der Speyerer Dom Symbol solcher Offenheit, solchen europäischen Geistes sein und damit Wegweiser in ein gesegnetes neues Jahrtausend.

III. Wendezeit für Europa?

Lassen Sie mich meine Überlegungen zur Situation unseres Kontinents mit einem Bild beginnen. In der Geschichte Israels erscheint der Sturz der Mauern Jerichos zunächst als Symbol der geschichtsgestaltenden Macht Gottes, dann aber und vor allem auch als Zeichen für die Übereignung des Landes an das Volk, das aus der Fremde kam und vierzig Jahre lang durch die Wüste gewandert war. Nicht militärische Gewalt hatte die Mauern niedergelegt; vor einem liturgischen Umzug mit Gottes heiliger Lade und vor der Musik war sie eingefallen, die diese Liturgie begleitete. Das Triumphale dieses Augenblicks, der über alle Jahrhunderte hinaus inmitten ungezählter Bedrängnisse ein Signal der Hoffnung blieb, verdunkelte sich freilich wieder in der darauffolgenden Geschichte: Auch in dem nun endlich erreichten Land blieb das Leben ungeborgen und bedroht. Der innere Zerfall gab äußeren Feinden immer neue Macht, und daß schließlich Jericho wieder entstand, wurde zum Vorzeichen neuer Zerstreuung; in der bloß die vorangegangene Auflösung der geistigen Grundlagen der Freiheit auch äußerlich sichtbares Ereignis wird (vgl. 1 Kön 16, 34).

Dieses Gewebe aus Erfüllung und Verantwortung, aus Gabe und Auftrag kommt einem unwillkürlich in den Sinn, wenn man an die politischen Vorgänge der jüngsten Vergangenheit in Europa denkt, wobei wir freilich nicht in ungebührlicher Weise die in der Bibel berichtete Heilsgeschichte mit Ereignissen unserer Gegenwart parallelisieren und ihnen nicht eine falsche Sakralität beilegen sollten. Daß Mauern vor einer betenden Prozession und vor deren Posaunentönen niederfallen, wollte uns aufgeklärten Menschen seit langem reichlich unglaubwürdig erscheinen. Aber nun haben wir selbst zwar nicht das Gleiche, aber etwas irgendwie Ähnliches erlebt: Die ideologische Mauer, die nicht nur Europa, sondern unsichtbar die ganze Welt überall teilte, besteht nicht mehr wie ehedem. Und sie ist nicht durch Waffengewalt niedergelegt worden, gewiß auch nicht einfach durch Gebete, aber durch einen Aufbruch des Geistes, durch Prozessionen für die Freiheit, die schließlich in der Tat stärker waren als Stacheldraht und Beton. Der Geist hat seine Kraft bewiesen; der Posaunenstoß der Freiheit war stärker als die Mauer, die sie in Grenzen halten sollte. Und auch wenn wir Gott nicht allzu direkt ins Spiel bringen dürfen, bleibt doch, daß der Glaube an ihn oder wenigstens das Fragen nach ihm für die Intonation dieser befreienden Posaunenstöße von nicht geringer Bedeutung war.

Daß sich verschlossene Türen aufgetan haben, daß trennende Mauern niederbrachen und daß mehr Freiheit geworden ist - das sind die trostreichen und ermutigenden Vorgänge der jüngsten Vergangenheit, die wir nicht aus dem Blick verlieren sollten: Sie sind und bleiben Wegweisung und Grund zur Hoffnung. Aber wir können auch von dem nicht absehen, was die Geschichte Israels über den Fortgang der Dinge nach dem Sturz der Mauer sagt: daß die Freude der Freiheit und des gemeinsamen Landes schnell in den Mühsalen des Alltags versickerte; daß das Wohnen im selben Land nicht von selbst den Staat zusammenhielt und daß die wachsende Gottvergessenheit wie das egoistische Mißverständnis der Freiheit zu einem inneren Zerfall trieb, an dessen Ende von neuem der Verlust der Freiheit stand (vgl. Ri 2, 11-23). Freiheit ist anspruchsvoll; sie erhält sich nicht von selbst, und sie hebt sich gerade dann auf, wenn sie grenzenlos zu werden versucht. Anders gesagt: Der Zerfall des Marxismus bringt nicht von selbst einen freien Staat und eine gesunde Gesellschaft hervor. Das Bildwort Jesu, daß anstelle eines ausgetriebenen unreinen Geistes sieben weit schlimmere kommen, wenn sie das Haus leer und mit Besen gekehrt finden (Mt 12, 43-45 par), bewahrheitet sich geschichtlich immer wieder. Wer den Marxismus aufgibt, hat damit noch nicht automatisch eine neue Lebensgrundlage gefunden. Der Verlust einer ehedem das Leben tragenden Ideologie kann sehr leicht auch in Nihilismus umschlagen, und das wäre dann wirklich die Herrschaft der sieben schlimmeren Geister. Wer aber könnte sich verbergen, daß der Relativismus, dem wir heute alle ausgesetzt sind, ein wachsendes Gefälle zum Nihilismus entwickelt?

So ist die Frage dringend: Mit welchen Inhalten können wir das geistige Vakuum auffüllen, das nach dem Scheitern des marxistischen Experiments entstanden ist? Auf welchen geistigen Grundlagen können wir eine gemeinsame Zukunft bauen, in der sich Ost und West zu neuer Einheit verbinden, aber auch Nord und Süd einen gemeinsamen Weg finden? Wenn wir uns um eine Diagnose für unsere Situation und um eine Prognose über unsere künftigen Aufgaben und Möglichkeiten mühen, muß dieses im Weltmaßstab geschehen, weil heute immer das Schicksal jedes Teiles der Menschheit vom Ganzen abhängt und die Entscheidungen jedes Teils aufs Ganze zurückwirken, so daß man vom Eigenen nur recht reden kann, indem man vom anderen redet. Ich möchte daher zunächst einen kurzen Blick auf drei Kraftfelder der heutigen Weltpolitik und Weltwirtschaft, aber auch der geistigen Auseinandersetzungen werfen: auf die sogenannte westliche Welt, die sich immer mehr mit dem bisherigen Osten Europas verbindet und verschmilzt, seitdem dessen ideologischer Dogmatismus zu verdunsten begonnen hat; dann wird ein Blick auf die sogenannte dritte Welt nötig sein, und schließlich sollen einige Gedanken zu der immer stärker hervortretenden dritten Kraft der Weltpolitik und des moralisch-religiösen Dramas unserer Zeit, der islamischen Welt, nicht fehlen.

1. Diagnose

a) Am Beispiel Deutschland: die neu sich bildende west-östliche Welt

Beginnen wir bei uns selbst. Mit welchen politischen Kräften können wir rechnen; vor welchen Aufgaben stehen wir, und welche Gefahren sind zu beachten? Die gemeinsame europäische Aufgabe dieser Stunde stellt sich in Deutschland am konkretesten und nachdrücklichsten: In unserem Land müssen ein

Staat der ehemaligen östlichen Sphäre Europas und eine nach dem Krieg gewordene Demokratie westlicher Prägung zu einem einzigen Lebensraum zusammenwachsen. Dieses Zusammenwachsen muß zugleich Hineinwachsen in eine europäische Gemeinschaft sein, in der die Nationen nicht mehr autonome Größen mit hegemonialen Ansprüchen anderen gegenüber sind, sondern Elemente einer vielgestaltigen größeren Gemeinschaft, in der alle gebend und empfangend einander zugeordnet sind. Es müssen also zugleich zwei Erblasten überwunden werden: der Nationalismus und die ideologische Spaltung. Die wirtschaftlichen und politischen Probleme, die sich bei der Verschmelzung zweier so unterschiedlich entwickelter Räume stellen, werden dann zu bewältigen sein, wenn ein gemeinsamer Wille das Handeln trägt. Dieser gemeinsame Wille wird den Herausforderungen standhalten, wenn er von entsprechenden gemeinsamen Überzeugungen gehalten ist. Insofern ist die Frage nach den geistigen Grundlagen heute auch die politische Grundfrage, vor der wir stehen.

Gibt es solche Grundlagen? Zweifellos, die Verfassung der Bundesrepublik Deutschland drückt solche Grundlagen aus; auf ihnen konnte dieses an sich etwas künstliche Gebilde der Nachkriegsgeschichte trotz aller Spannungen wachsen und zu Kräften kommen. Es wäre lohnend, einmal die Philosophie näher zu erforschen, die hinter dieser Verfassung steht. Sie zielt auf eine rechtlich geordnete Freiheit; sie weiß, daß Freiheit und Recht nicht Gegensätze sind, sondern sich gegenseitig bedingen. Sie weiß, daß der Gesetzgeber nicht Beliebiges zu Recht erklären kann und daß Recht nicht einfach aus der Statistik abzuleiten ist. Gerade nach dem ungeheuren Mißbrauch des Rechtspositivismus im Führerrecht des Dritten Reiches, in dem Unrecht Gesetz geworden und der Staat zur Räuberbande degradiert worden war, war man sich bewußt, daß jede Rechtssetzung auf Werte gegründet sein muß, die sich unserer Manipulation entziehen. Deren unbedingte Achtung gibt erst der Freiheit des Entscheidens ihre Würde und ihren tragenden Grund. Deshalb weiß das Grundgesetz auch um die Grenzen des Mehrheitsprinzips. Und es weiß, daß diese Unantastbarkeit von Werten, die allein die Unantastbarkeit der Würde des Menschen und so seine Freiheit schützt, darauf gründet, daß es diese Werte wirklich gibt und daß wir vor ihnen Verantwortung tragen. Das kommt sehr deutlich in der Präambel des Grundgesetzes zum Ausdruck, wenn es heißt: „Im Bewußtsein seiner Verantwortung vor Gott und den Menschen ... hat das deutsche Volk ... dieses Grundgesetz der Bundesrepublik Deutschland beschlossen."[1] Dies alles schließt freilich ein, daß das Grundgesetz auf die Existenz von Einsichten und Überzeugungen gebaut ist, die selbst nicht im Gesetz stehen und als solche nicht zu Gesetzen erhoben werden können, sondern Gesetze allererst ermöglichen. Die Verfassung ruht auf Grundlagen, die sie selbst nicht vorschreiben kann, sondern voraussetzen muß.

Damit ist der kritische Punkt unserer heutigen Lage berührt. Wieweit bestehen diese Grundlagen noch? E.-W. Böckenförde hat gelegentlich darauf hingewiesen, daß sich das tatsächliche gesellschaftliche Bewußtsein von diesen Grundlagen inzwischen zum Teil entfernt hat.[2] Eine neue Verfassungsdebatte, die jedenfalls im Augenblick kaum zu wünschen ist, würde dieses allmähliche Vertrocknen der Grundlagen

[1] Vgl. E. L. Behrendt, Gott im Grundgesetz. Der vergessene Grundwert „Verantwortung vor Gott" (München 1980). Diese bemerkenswerte Arbeit würde mehr Beachtung verdienen, als sie m.W. bisher gefunden hat. Einige Zitate mögen die Richtung ihrer Aussagen andeuten: „Daß es der Gott des Alten und Neuen Testamentes ist, den unser Grundgesetz als Verantwortungsadressat anruft, ist aus der Geschichte, den Vorstellungen des letzten Verfassungsgebers, ... aus dem Begriff der Verantwortung..., vor allem aber aus dem materiellen Normengefüge dieses Grundgesetzes selbst zu entnehmen. Dieser christliche Gott und er allein ermöglicht, ja fordert die Toleranz..." (318). „Das Christentum wird sich und seine geistige Grundlage eines Tages, vielleicht bald, beherzt verteidigen müssen... Fällt das Attribut 'christlich', dann fällt der Gott, vor dem Verantwortung des Menschen begründet wurde und heute noch begründbar ist. Dann ist uns ein unspezifischer, unverbindlicher Gott offeriert... Die Grundlage der Verantwortung ist dann eine leere Worthülse..." (321).

[2] Ist der deutsche Katholizismus systemkonform? Ein Gespräch mit E.-W. Böckenförde, in: Herder-Korrespondenz 43 (1989) 262-266. Böckenförde zeigt darin direkt nur die veränderte Einstellung zum Grundgesetz in der Kirche, die nach anfänglichem Zögern zu immer stärkerer Annahme und Nutzung des Grundgesetzes führt; indirekt wird aber auch die anders verlaufende Entwicklung des gesellschaftlichen Bewußtseins deutlich, die von dessen weltanschaulichen Grundlagen eher wegführt.

vermutlich unsanft ans Licht bringen. Auch so ist das, was auf der Basis des Grundgesetzes gewachsen ist, noch immer eindrucksvoll und stark. Unsere Verfassung gewährleistet eine Lebensgestalt, die man nicht unter das Verdikt des Kapitalismus einordnen kann, denn sie hat eine Sozialordnung hervorgebracht, in der die Starken die Schwachen tragen; in der Leistung ihren Lohn hat, aber auch ihre Verantwortung. Demgemäß setzt unsere Wirtschaftsordnung den Wettbewerb voraus, aber sie vergißt auch denjenigen nicht, der unverschuldet dabei zu kurz kommt. Wir können der östlichen Hälfte Deutschlands mit unserer Rechts- und Sozialordnung auch eine Wertordnung anbieten, in der jeder einzelne Mensch seine Würde hat, weil die Verantwortung vor Gott und den Menschen bestimmende Grundlage ist.

Aber wir dürfen uns, wie schon gesagt, nicht verheimlichen, daß die Grundlagen - letztlich das Anerkennen einer Verantwortung vor Gott und den Menschen - von einer schleichenden Auszehrung bedroht sind und damit allmählich ihre tragende Kraft verlieren können. A. de Tocqueville hat in seinen Studien über die Demokratie in Amerika darauf aufmerksam gemacht, daß die Rechtsformen dieser Demokratie aufgrund des ungeschriebenen Konsenses wirken, der sie hervorgebracht hat, das heißt aufgrund eines protestantisch geprägten christlichen Menschen- und Weltbildes, das trotz, ja, gerade in der strengen rechtlichen Trennung von Kirche und Staat das ganze Lebensgefüge prägte. Er hat gezeigt, daß die ungeschriebenen Grundlagen für das Bestehen dieser Demokratie weit wesentlicher sind als alles geschriebene Recht.[3] Das ist bei uns im letzten nicht anders. Diese tragenden Überzeugungen fallen nicht mit den Lehren einer bestimmten christlichen Kirche zusammen, und sie reichen wohl auch heute noch weit über den Kreis bekenntnishafter Zugehörigkeit zu den Kirchen hinaus. Insofern kann man hoffen, daß sie aufgrund ihrer menschlichen Evidenz auch der im Osten Deutschlands

[3] Vgl. J. Ratzinger, Kirche, Ökumene und Politik (Einsiedeln 1987) 225f.

sehr großen Zahl von Bürgern vermittelt werden können, die von der christlichen Tradition nicht mehr berührt sind.

Trotzdem würde das Erlöschen der Kirchen einen geistigen Erdrutsch bedeuten, dessen Ausmaß wir uns noch nicht vorzustellen vermögen. In welche Richtung das gehen könnte, ist nach meinem Dafürhalten in den Ereignissen von 1968 und in der daran anschließenden Entwicklung deutlich geworden. Denn die Pariser Studentenrevolution, die das 68er-Phänomen ins Rollen brachte, ist nicht von außen auf die Kirche aufgeprallt, sondern aus den nachkonziliaren Gärungen des Katholizismus und aus vorangehenden Strömungen revolutionärer amerikanischer protestantischer Theologie hervorgebrochen. Daß auf den Barrikaden in Paris Eucharistie als Verbrüderung der Kämpfer für die anarchische Freiheit und als Hoffnungszeichen des politischen Messianismus einer im Terror sich gebärenden neuen Welt gefeiert wurde, zeigt den im Kern religiösen oder besser: pseudoreligiösen Charakter des Vorgangs.[4] Diese theologische Implikation ist auch im deutschen und italienischen Terrorismus der siebziger Jahre unverkennbar. Die Gestaltwerdung des italienischen Terrorismus der frühen siebziger Jahre ist ohne die inneren Krisen und Gärungen des nachkonziliaren Katholizismus nicht zu verstehen[5]; in Deutschland fand er seinen Nährboden besonders in den Studentengemeinden, hier mit einer mehr amerikanischen und protestantischen Färbung.

Inzwischen ist der politische Messianismus und die zelotische Gewalttätigkeit, die ihn begleitete, im Abflauen. Er hatte seine Glaubwürdigkeit schon vor dem Debakel des realen Sozialismus verloren. Im Verlauf seiner Aktionen wurde evident, daß dies weder die Aktualisierung des Christentums noch die Vorstufe einer besseren Welt sein konnte; es wurde klar,

[4] Am eindrücklichsten zur Frage ist immer noch die direkt unter dem Eindruck der Geschehnisse geschriebene Studie von M.J. Le Guillou - O. Clément - J. Bosc, Évangile et révolution (Paris 1968).

[5] Vgl. M. Cuminetti, Il dissenso cattolico in Italia (Milano 1983); A. Socci - R. Fontolan, 1974 Tredici anni della nostra storia 1987 (Milano 1988).

daß die Botschaft Jesu für diese Anwendungen keinen Anhaltspunkt bietet. Aber die Verwundungen sind geblieben; sie zeigen sich in verschiedenen Formen. Die zunehmende Macht der Droge ist Zeichen für eine seelische Leere, der nach dem Verlust der ideologischen Verheißungen nichts geblieben ist. Das Leben ist langweilig und nichtig geworden. Die italienische Regierung hat im vergangenen Herbst ein Werbeprogramm gegen die Ausbreitung der Droge gestartet, bei dem Bilder heiteren Lebens junger Menschen gezeigt wurden, denen der Slogan folgte: „Das Leben ist so. Verbrennt es nicht mit der Droge.“ Aber können diese Bilder, in denen junge Menschen lachen und scherzen, wirklich überzeugen? *Ist* das Leben so? Zeigen nicht die Filme, die anschließend folgen, mit Bildern voller Grausamkeit, Haß, Zorn und Enttäuschungen, daß das Leben ganz anders geartet ist? Ist nicht dies das wirkliche Leben? Die heile Welt hat man uns gründlich ausgeredet, und moderne Filmemacher scheinen es für ehrlich zu halten, den Menschen fast nur niedrig und gemein zu zeigen. Aber beides sind Zerrbilder des Lebens. Das Leben ist nicht nur Fröhlichkeit und Spiel, es ist Schmerz, Versuchung, Versagen und doch in alledem schön, wenn es von Liebe getragen ist und wenn ihm eine Hoffnung eignet, die über den Augenblick hinausreicht. Wenn wir nicht ein Bild des Lebens zeigen können, in dem auch der Schmerz, die Mühsal, der Tod sinnvoll sind und einem größeren Ganzen zugehören, dann können wir das Menschsein nicht rehabilitieren. Dies ist wohl die Hauptfrage, auf die wir heute Antwort geben müssen: ist es eigentlich gut, zu leben und ein Mensch zu sein? Wir können diese Frage nicht beantworten, wenn es nicht eine Güte gibt, die jedem einzelnen zugewandt ist und stärker ist als all unser Versagen.

Der ideologische Terrorismus der siebziger Jahre ist heute in zwei Richtungen zerfallen: Auf der einen Seite stehen die „Entzugserscheinungen“, die der Verlust der Ideologie mit sich brachte; die Wüste des Nihilismus, in der die Droge trösten soll. Auf der anderen Seite ist der Übergang der

Gewalttätigkeit in kriminelle Organisationen zu beobachten, die keiner Ideologie mehr bedürfen. Das Drogenkartell in Kolumbien rekrutiert sich zum Teil aus ehemaligen ideologischen Kämpfern. Aber wir müssen auch fragen: Wie steht es mit der Religion? Hat sie sich regeneriert? Wohin geht der Weg?

Ich würde sagen, daß es zweifellos Regenerationserscheinungen gibt, die hoffen lassen - junge Bewegungen, in denen eine große Kraft des Glaubens wirkt, eine überzeugende sittliche Ernsthaftigkeit und eine Bereitschaft, das eigene Leben einzusetzen, die bewundernswert ist. Solche Bewegungen können Sauerteig werden, der von neuem den humanen Werten des Evangeliums, die unsere Verfassung prägen, Lebenskraft und Glaubwürdigkeit gibt. Aber wir können uns auch nicht darüber täuschen, daß der Auszug aus den Kirchen weitergeht und daß sie weiterhin von inneren Krisen geschüttelt werden. Insgesamt kann man in unserer Gesellschaft eine fortschreitende Auflösung der Religion in doppelter Richtung beobachten. Die erste Richtung ist uns schon beim Blick auf die Entwicklungen des Jahres 1968 begegnet: Politik wird Religion, und Religion wandelt sich um in politische Leidenschaft. Der Glaube an die Transzendenz und an die Ewigkeitsbestimmung des Menschen zerfällt, er erscheint rational nicht begründbar und für die Lebensgestaltung in dieser Welt wertlos. Aber es bleibt die Erwartung des unbedingten Heils. Die Erfahrung der Unerlöstheit, der Entfremdung verstärkt sich, und die Erfüllung, die jenseits nicht sein kann und die von keiner Gnade geschenkt wird, muß nun in dieser Welt durch eigenes Handeln bewerkstelligt werden. Damit wird aber an die Politik eine Erwartung geknüpft, der sie nicht entsprechen kann. Die zur Politik gewordene Religion überfordert die Politik und wird damit zu einer Quelle der Desintegration des Menschen und der Gesellschaft.

Die andere Auflösungsform der Religion führt in den Bereich, den man religionsgeschichtlich mit dem Stichwort Gnostizismus benennen kann und den man heute gern unter dem Etikett Esoterismus zusammenfaßt. Dahinter verbergen sich mannigfaltige Formen religiöser Ersatzgestalt mit oft seltsamen Mischungen von Rationalem und Irrationalem. Okkultismus und Magie werden anziehend; immer geht es um Religion, die nicht Glauben fordert, sondern auf dem Weg von Riten und psychologischen Praktiken in tiefere Schichten des Daseins führt, das Gefühl der Entschränkung und der Befreiung vermittelt und von den verborgenen Gründen her Macht gegen die Kräfte gibt, die unser Leben bedrohen. Auf der Suche nach einer Technik der Erlösung greift man nach außereuropäischen Religionsformen, die den Menschen nicht in der mühsamen Schwebe des Glaubens halten, sondern ihm praktisch anwendbare Formen der Selbsterlösung anbieten. Man spricht heute viel von der Säkularisierung unserer Gesellschaft. Das ist in dem Sinn richtig, daß Religion sich ins Private zurückzieht. Aber sie verschwindet nicht, sie ändert nur ihre Gestalt und damit freilich auch ihr inneres Wesen. Wer den Markt der Religionen ansieht, der sich heute bei uns ausbreitet, kann sowohl diese ihre Gegenwärtigkeit im Gestaltwandel wie die Wesensänderung des religiösen Phänomens deutlich beobachten. Das Wesen des christlichen Glaubens besteht religions-phänomenologisch betrachtet darin, daß er den religiösen Urtrieb des Menschen in einer subtilen Synthese zusammenhält mit einer rational geformten Zuwendung zu dem einen Gott, der als die Vernunft des Ursprungs und als schöpferische Liebe gesehen wird. Daraus folgt ein Ethos, das auf die Vernunft der Schöpfung hört und darin den Widerhall der Vernunft des Schöpfers findet. Diese Synthese von Verstand, Wille und Gefühl ist nicht leicht; sie ist immer wieder in Gefahr, sich nach der einen oder anderen Seite hin aufzulösen. Dieselbe Spannung bestimmt auch über den Raum des Christentums hinaus das Drama der Religionsgeschichte. Nahezu alle Religionen wissen hinter den göttlichen Mächten der Welt um den einen Gott, den einen sinngebenden Ursprung der Welt. Auch für den Polytheismus ist im allgemeinen klar, daß die Götter nicht der Plural von Gott sind, weil es Gott nicht im Plural gibt. Er ist einzig. Die Götter sind - obwohl mit demselben Namen benannt - Mächte auf einer niedrigeren Stufe. Aber immer wieder entschwindet in der Religionsgeschichte dieser eine Gott aus dem Kult und aus dem konkreten religiösen Verhalten. Er ist zu weit entfernt und vor allem: er ist nicht gefährlich, entweder weil er eben nur gut, der Gute schlechthin ist und daher niemandem Böses tut, oder weil man denkt, er kümmere sich nicht um die Geschicke der Menschen, die ihm zu gering seien. So wendet sich der Kult nicht dem einen Guten zu, von dem ohnedies nichts zu befürchten ist, sondern den vielen zweideutigen Mächten, die konkret unser Leben umlagern und mit denen man sich arrangieren muß.[6] Diesen in der Religionsgeschichte chronischen Abfall vom einen Guten zu den vielen vieldeutigen Mächten würde ich als Heidentum im qualitativen Sinn des Wortes bezeichnen. In diesem Sinn sind wir heute in der aufgeklärten westlichen Welt, aber darum auch in allen übrigen Kulturen von einem neuen Heidentum bedroht. Der Mensch, der den einen guten Grund aller Dinge als zu fern, zu unsicher und zu unwichtig ausklammert, um sich statt dessen den näheren Mächten zuzuwenden, erniedrigt sich selbst. Die Dekomposition der christlichen Synthese, vor der wir stehen, muß im letzten auch zu einer Desintegration des Menschen selbst führen.

b) Die „dritte Welt“

Bevor wir aus diesem Versuch einer Diagnose der heutigen west-östlichen Welt Schlußfolgerungen ziehen, müssen wir noch einen Blick auf die zwei anderen Sphären werfen, die gegenwärtig die Weltgeschichte prägen: die sogenannte dritte Welt und die Welt des Islam. Was die dritte Welt angeht, so ist der Fall der unsichtbaren oder auch manchmal durchaus sichtbaren Mauer, die die Welt allenthalben teilte, zweifellos

[6] Ich habe diese Zusammenhänge darzustellen versucht in meinem Beitrag zur Festschrift K. Rahner, Gott in Welt (1964) II 287-305: Der christliche Glaube und die Weltreligionen.

ein großer Fortschritt. Denn der Antagonismus von Ost und West war auf die ganze übrige Welt projiziert worden. Sie wurde mit raffinierten Waffensystemen versorgt, wo das Lebensnotwendige fehlte und immer wieder auch zum Schauplatz von Stellvertreterkriegen bestimmt, in denen die beiden Machtgruppen um ihre jeweilige Überlegenheit rangen. Politischer Messianismus wurde gelehrt, der die Länder von innen her in feindseligen Frontstellungen zerriß; auf allen Seiten vollzog sich eine Enthemmung der Gewalt, bei den Verteidigern konservativer Ideologien nicht weniger als bei linksrevolutionären Gruppierungen. Diese Phänomene sind im Zeichen der wachsenden Versöhnung von Ost und West durch den Abbau der marxistischen Ideologie nicht einfach verschwunden, zumal ihre sozialen Gründe fortbestehen, aber Möglichkeiten zu rationalen politischen Lösungen gewinnen an Boden. Dies ist ein äußerst positiver Vorgang; ideologiefreie Politik muß sich hier als eine sittlich verantwortliche Politik erweisen und zeigen, daß das Fehlen einer ausgeformten Ideologie nicht die Abwesenheit sittlicher Werte bedeutet, aus denen Kraft der Versöhnung und gewaltloser Bewältigung von Strukturen des Unrechts kommt.

Die Chance, vor der wir damit stehen, fordert unsere moralische und religiöse Kraft. Ob wir ihr standhalten, wird davon abhängen, ob die neue west-östliche Welt selbst ihre Grundlagenprobleme bewältigt. Das bisher im Westen praktizierte Modell von Entwicklung ist dafür nicht ausreichend.[7] Auch ohne die Hypothek des Ost-West-Konflikts war es ungenügend. Gewiß, man kann nicht den Westen allein dafür

[7] Zum gegenwärtigen Stand der Entwicklungsdebatte ist instruktiv das von P. Merz der Herder-Korrespondenz 44 (1990) 519-526 gewährte Interview: Entwicklungszusammenarbeit nach dem Ende des Ost-Westkonflikts. Bei allen wichtigen Erkenntnissen und Einsichten, die darin dargestellt werden, verwundert doch die weitergehende nahezu vollständige moralisch-weltanschauliche Abstinenz. Wenn z.B. zur Verteidigung der bisherigen Leistungen und Erfolge auf die Steigerung der Lebenserwartung von 46 auf 62 Jahre und der Alphabetisierung von 43 auf 60 Prozent verwiesen wird, so ist zu fragen, was gesteigerte Lebenserwartung bei verlorenem Lebensinhalt und Alphabetisierung bei Sinnverlust bedeutet.

verantwortlich machen, daß der wirtschaftliche Abstand zwischen Nord und Süd in den letzten Jahrzehnten nicht kleiner, sondern größer geworden ist. Es gibt auch innere Ursachen in der dritten Welt selbst, besonders die vielfach herrschende Korruption und an nicht wenigen Orten auch ein mangelndes Ethos der Arbeit. Aber damit ist auch schon der dunkle Punkt der westlichen Form von Hilfe berührt. Sie hat geglaubt, von ethischen Problemen völlig absehen und den Aufbau moderner Wirtschaften an bestehenden ethischen und sozialen Systemen vorbei auf rein mechanische Weise bewerkstelligen zu können. Selbst die Kirchen, die es eigentlich besser wissen müßten, sind vielfach dieser materialistischen Illusion erlegen. Viele ihrer Boten waren der Meinung, man müsse zuerst die Segnungen des Wohlstands ausbreiten, und dann könne man hernach auch einmal von Gott reden. Aber diese Anwendung des Axioms primum vivere, deinde philosophari ist grundfalsch. Denn der Kern des Gottesglaubens und seiner sittlichen Kraft ist nicht eine Philosophie, die sich bloß leisten kann, wer genug zum Leben hat, sondern er ist die Bedingung des Lebens; er *ist* Leben. Die jungen afrikanischen Intellektuellen, die an europäischen Universitäten studierten, lernten im allgemeinen nur eine ethisch und religiös absolut abstinente Wissenschaft kennen. Ihnen blieb bloß die Wahl zwischen Positivismus und Marxismus, aber keine der beiden Philosophien ist imstande, eine Gesellschaft aufzubauen, in der Freiheit und Recht sinnvoll miteinander vermittelt sind. Der Zorn, der sich heute in der dritten Welt zunehmend gegen Europa und Amerika ausbreitet, hat hier seine tiefsten Wurzeln. Gewiß, er beruht auch und zunächst auf dem Wohlstandsgefälle zwischen den beiden Hälften der Erde. Aber in dem leidenschaftlichen Rekurs auf afrikanische Kultur und Religion, auf die lateinamerikanische oder asiatische Identität, den wir heute beobachten, spielt deutlich ein tieferes Verletztsein mit: das Bewußtsein, daß einem die eigene Seele zertrampelt worden ist, daß man im Innersten verletzt wurde und daß einem bei allen Gaben, die man empfing, das weggenommen worden ist, was die eigene Würde ausmachte und was einen daher im tiefsten leben ließ. In diesem Zusammenhang ist interessant, daß heute in Lateinamerika nach dem Auslaufen des marxistischen Modells der Aufstand gegen die europäische Kultur und Tradition mit zwei neuen Motiven orchestriert wird. Das Gedenken an die 500 Jahre seit dem Einbruch Europas in Amerika soll zum Erinnern an die Unterdrückung der indianischen Kulturen führen, die man als die wahre Seele Südamerikas wieder finden möchte. Daneben steht eine leidenschaftliche Zuwendung zu den nach Amerika verschleppten Schwarzen und die Klage über den Verlust ihrer kulturellen und religiösen Identität. Beide Bewegungen identifizieren Europa und Christentum; sie sind insofern auch ein Aufstand gegen das Christentum als Herrschaftsreligion und als Macht der Entfremdung - ein Aufstand, der paradoxerweise seine stärksten Fürsprecher unter den Theologen hat, die auf diese Weise der Befreiungsthematik neue Gestalt zu geben versuchen. Aber auch in Afrika wird immer stärker nicht nur das Christentum, sondern besonders auch Inkulturation des christlichen Glaubens in afrikanische Kultur hinein als Form der Entfremdung bekämpft und die eigene religiöse Tradition neu gesucht, die doch ihre Wurzeln verloren hat und fruchtbar nur weiterleben könnte, indem sie im Christlichen aufersteht.

Gleichzeitig mit diesen Vorgängen ist eine verstärkte Tendenz zur Auflösung der Großkirche in Sekten zu beobachten. Dabei treten neben Sekten von wesentlich christlicher Prägung immer mehr synkretistische Sektenbildungen, die Elemente verschiedenster Herkunft zu neuen Gestalten verschmelzen. Besonders auffällig ist das Vordringen von Sekten nordamerikanischer Herkunft in ganz Lateinamerika, dessen traditionelle katholische Prägung vielerorten von einem neuen religiösen Pluralismus abgelöst wird. Die Gründe dieser Umwälzung sind noch nicht zulänglich geklärt. Vieles wirkt zusammen: eine größere Beweglichkeit und Dynamik der neuen religiösen Gruppierungen; aktive und zum Teil aggressive Missionsmethoden, verbunden mit sozialen und wirtschaftlichen Vorteilen; eine ungenügende Evangelisierung auf katholischer Seite. Darüber hinaus werden immer wieder zwei Ursachen genannt, deren Geltung freilich genauerer Untersuchung bedürfte. Zum einen habe vielerorten eine einseitig politische Pastoral ein religiöses Vakuum geschaffen, das von den Sekten aufgefüllt werde, die dem ungestillten religiösen Hunger gerade der armen Bevölkerung antworten. Sie können mit der Ideologie einer besseren zukünftigen Welt häufig nichts anfangen und haben unter den Gewalttätigkeiten für deren Heraufführen am meisten zu leiden. Daneben wird auch immer wieder die These von einer Begünstigung der Sektenpropaganda durch die Vereinigten Staaten vorgetragen, die sich davon - so scheint es - eine strukturelle Annäherung der Südhälfte Amerikas an ihre eigene Mentalität und so eine günstige Rückwirkung auf die politischen und wirtschaftlichen Strukturen erhoffen. Derlei Erwartungen könnten sich freilich als trügerisch erweisen, weil zugleich Widerstand gegen das Fremde, gegen neue Formen nun auch religiöser Abhängigkeit geweckt wird und die inneren Entwicklungen des religiösen Bewußtseins nach der Fragmentierung des Christlichen nicht abzusehen sind. Das Bild wäre im übrigen allzu unvollständig, wenn nicht auch darauf hingewiesen würde, daß es vielfach eine beeindruckende Renaissance des Katholischen gibt, das unter den Herausforderungen der Gegenwart gerade in Lateinamerika seine religiöse Tiefe wie seine soziale Verantwortung neu entdeckt und damit auch die Menschen zu begeistern und zu formen vermag.

c) Die islamische Welt

Schließlich müssen wir noch einen Blick auf die islamische Welt werfen, deren vielgestaltiges Gesicht hier freilich auch nicht annähernd beschrieben werden kann. Ich möchte nur eines der Stichworte der gegenwärtigen Debatte kritisch aufgreifen, das sich gern als der Generalschlüssel zur Erklärung der heutigen Vorgänge anbietet: das Schlagwort „Fundamentalismus". Wenn wir uns zunächst ganz kurz vergewissern, worauf die gegenwärtige Renaissance der islamischen Welt beruht, so springen zwei Ursachen in die Augen. Da ist zunächst das wirtschaftliche und damit auch politische und militärische Erstarken der islamischen Länder durch die Bedeutung, die das Erdöl in der internationalen Politik gewonnen hat. Aber während im Westen der wirtschaftliche Aufschwung im allgemeinen zu einer Verdünnung der religiösen Substanz geführt hat, verbindet sich in der islamischen Welt mit der neuen wirtschaftlichen Stärke auch ein neues religiöses Selbstbewußtsein, wobei freilich im Islam Religion, Kultur und Politik in einer unauflöslichen Einheit miteinander stehen. Dieses neue religiöse Selbstbewußtsein und die daraus folgenden Haltungen werden heute im Westen gern als Fundamentalismus bezeichnet. Meiner Auffassung nach wird damit ein Begriff aus dem amerikanischen Protestantismus in unsachgemäßer Weise in eine völlig anders geartete Welt übertragen, und das ist nicht hilfreich für die wirkliche Erkenntnis des Sachverhalts. Fundamentalismus ist seinem ursprünglichen Sinn nach eine im protestantischen Amerika des 19. Jahrhunderts entstandene Richtung, die sich gegen Evolutionismus und Bibelkritik auflehnte und mit der Verteidigung der absoluten Irrtumslosigkeit der Schrift beiden gegenüber ein festes christliches Fundament zu geben versuchte.[8] Zweifellos gibt es Analogien zu dieser Haltung auch in anderen geistigen Welten, aber wenn man Analogien in Identifikation ummünzt, verfällt man einer falschen Vereinfachung. Man hat aus diesem Schlagwort einen allzu einfachen Schlüssel gemacht, durch den man die Welt in zwei Hälften einteilen kann, eine gute und eine böse. Die Reihe der angeblichen Fundamentalismen reicht inzwischen vom

[8] Präzise Information mit ausführlichen Literaturangaben bietet S.E. Ahlstrom, Fundamentalismus, in: RGG II 1178f. Der Artikel Fundamentalismus von J. Niewadomski, in: H. Gasper - J. Müller - F. Valentin, Lexikon der Sekten (Herder 1990) 330-336, ist materialreich, erliegt aber m. E. der Versuchung, den Begriff so auszuweiten, daß er zu einem ideologischen Kampfwort wird und seine inhaltlichen Konturen verliert.

protestantischen über den katholischen bis zum islamischen und zum marxistischen Fundamentalismus. Die Unterschiede der Inhalte zählen da überhaupt nicht; Fundamentalist ist, wer immer feste Überzeugungen hat, denn das gilt als konfliktfördernd und fortschrittsfeindlich. Das Gute sei demgegenüber der Zweifel, das Ankämpfen gegen alte Gewißheiten und damit alle undogmatischen oder antidogmatischen modernen Bewegungen.

Aber so schlicht an den Inhalten vorbei, von einem rein formalen Einteilungsschema her, kann man die Welt wirklich nicht erklären. Nach meinem Dafürhalten sollte man die Redeweise vom islamischen Fundamentalismus ganz aufgeben, weil sie sehr unterschiedliche Vorgänge unter einem vereinfachenden Etikett mehr verdeckt, statt sie zu erhellen.[9] Man muß, wie mir scheint, den *Ausgangspunkt* des neuen islamischen Erwachens und dann seine unterschiedlichen *Gestaltungen* unterscheiden. Was den Ausgangspunkt anbelangt, so erscheint es mir sehr vielsagend, daß die ersten Anzeichen der Wende im Iran Anschläge auf amerikanische Kinos waren. Der westliche way of life mit seinem moralischen Permissivismus wurde als Angriff auf die eigene Identität und auf die Würde der eigenen Lebensgestalt empfunden. Hatte die christliche Welt in den Zeiten ihrer höchsten Machtentfaltung ein Gefühl der Unterentwicklung und Zweifel am Eigenen wenigstens in den gebildeten Kreisen der islamischen Welt hervorgerufen, so wächst nun Verachtung angesichts der Verdrängung des Moralischen und Religiösen ins bloß Private, angesichts einer Gestaltung des öffentlichen Lebens, in der einzig der religiöse und moralische Agnostizismus als hoffähig gilt. Die Macht, mit der vor allem durch den amerikanischen Kulturexport dieser Lebensstil förmlich aufgedrängt wurde und als das einzig Normale erscheinen sollte, wurde immer

[9] Kritisiert wurde der Begriff „Islamischer Fundamentalismus" kürzlich von J. Reissner in einem Referat bei der Tagung 1989 der Görres-Gesellschaft; vgl. den Jahres- und Tagungsbericht der Gesellschaft (Köln 1990) 176f. „Das was wir 'islamischen Fundamentalismus' nennen, ist also religionswissenschaftlich nicht als 'Zurück ins Mittelalter' zu interpretieren, sondern als Versuch, unter Wahrung des Gültigkeitsanspruchs des Islam sich den Fragen der Gegenwart zu stellen" (177).

mehr als Angriff auf das Tiefste des eigenen Wesens erfahren. Daß nicht die atheistische Sowjetunion, sondern das religiös tolerante und weithin sogar stark religiös geprägte Amerika als die Verkörperung des Bösen angesehen und bekämpft wird, hängt mit diesem Zusammenstoß einer moralisch agnostischen Kultur und eines Lebensgefüges zusammen, in dem Nation, Kultur, Moral und Religion als untrennbare Ganzheit erscheinen.

Die konkreten Gestaltungen dieses neuen Selbstbewußtseins sind unterschiedlich. Eine Buchstabenversessenheit religiöser Traditionen verbindet sich vielfach mit politischem und militärischem Fanatismus, in dem Religion direkt als Weg irdischer Macht angesehen wird. Die Instrumentierung der religiösen Energien fürs Politische liegt gerade von der islami-schen Tradition her nahe. Dabei hat sich im Zusammenhang mit dem Phänomen des palästinensischen Widerstands eine revolutionäre Auslegung des Islam entwickelt, die sehr nahe an christliche Befreiungstheologien rührt und die Verschmelzung von westeuropäischem, marxistisch inspiriertem und islamischem Terrorismus leicht gemacht hat. Was man oberflächlich islamischen Fundamentalismus nennt, konnte sich ohne Schwierigkeit mit sozialistischen Befreiungsideen verknüpfen: Der Islam wird als der wahre Träger des Freiheitskampfes der unterdrückten Völker präsentiert. Auf dieser Schiene hat zum Beispiel R. Garaudy seinen Weg vom Marxismus zum Islam gefunden. Er sieht in ihm den Träger revolutionärer Kräfte gegenüber dem herrschenden Kapitalismus. Demgegenüber hat kürzlich ein so stark vom Religiösen geprägter Herrscher wie König Hassan von Marokko seine tiefe Sorge über die Zukunft des Islam geäußert: Ein Verständnis des Islam, das als dessen Kern die Hingebung an Gott ansieht, ringt mit einer politisch-revolutionären Interpretation, in der das Religiöse Teil eines kulturellen Chauvinismus wird und damit letztlich dem Politischen untergeordnet ist. Die Auseinandersetzung mit diesem vielschichtigen Phänomen sollten wir uns nicht zu leicht machen. Der seiner selbst sichere Islam wirkt weithin faszinierender auf die dritte Welt als ein mit sich zerfallenes Christentum.

2. Der Auftrag

a) Staat und Gesellschaft

Was folgt aus alledem für die Gesellschaft und für die Kirche bei uns? Was müssen wir tun? Was die Gesellschaft angeht, so sollten wir aufgrund der Erfahrungen besonders der letzten zwei Jahrzehnte mehr als bisher zur Kenntnis nehmen, was Horkheimer und Adorno die Dialektik der Aufklärung genannt haben. Damit ist die „rastlose Selbstzerstörung der Aufklärung“[10] gemeint, die sich zuträgt, wo Aufklärung sich absolut setzt und nur noch das Berechenbare, das Erklärbare erkennen will, das Unverfügbare aber leugnet oder ins bloß Private abdrängt. Anders gesagt: Eine Gesellschaft, die in ihrer öffentlichen Struktur agnostisch und materialistisch gebaut ist und alles Übrige lediglich unterhalb der Schwelle des Öffentlichen bestehen lassen will, überlebt auf Dauer nicht. Wenn wir das Problem der Gegenwart und so deren Herausforderung auf einen bündigen Nenner bringen wollen, so würde ich sagen, daß es in der doppelten Auflösung des Moralischen besteht, die bei uns bisher unaufhaltsam voranzuschreiten scheint: in der Privati-sierung der Moral einerseits und in ihrer Reduktion auf das Kalkül des Erfolgreichen, dessen, was die besseren Überlebenschancen verspricht andererseits. Damit wird eine Gesellschaft in ihrem öffentlichen und gemeinschaftlichen Wesen zu einer morallosen Gesellschaft oder, anders gesagt, zu einer Gesellschaft, in der das nicht zählt, was eigentlich dem Menschen Würde gibt und ihn als Menschen konstituiert.

Der erste und dringendste Imperativ scheint mir also zu sein, daß der Rang des Moralischen in seiner Unverletzlichkeit und Würde wieder erkannt wird. Das Unterscheidende des Menschen besteht darin, daß er nicht nur das physische Nicht-

[10] M. Horkheimer - Th. W. Adorno, Dialektik der Aufklärung (Fischer-Taschenbuch 6144) 1. Ich entnehme dieses Zitat und die folgenden dem bemerkenswerten Aufsatz von H. Staudinger, Christentum und Aufklärung, in: Forum Katholische Theologie 6 (1990) 192-206, Zitat 199.

Können als seine Grenze anerkennt, sondern in Freiheit das moralische Nicht-Dürfen als genauso verbindliche und reale Grenze respektiert. Er ist frei, und er ist ein Mensch, wenn er sich nicht nur dem Gesetz der Notwendigkeit beugt, sondern das Gesetz der Freiheit als seine ihn bestimmende Sphäre anerkennt; dann kann er umgekehrt die Grenzen des physisch Notwendigen aufzubrechen oder hinauszuschieben versuchen, ohne sich oder die Schöpfung zu gefährden. Die innere Ranghöhe einer Gesellschaft zeigt sich daran, welche Werte sie für schutzwürdig ansieht. Für unsere Gesellschaft bezeichnend ist eine manchmal schon pathologisch wirkende Sorge um die physische Integrität. Dabei mag wohl durchweg etwas Wahres im Spiel sein, aber die panische Angst und die Verzerrung der Perspektiven, die dabei zu beobachten ist, zeigt doch auf jene „radikal gewordene mythische Angst" hin, die Horkheimer als Kennzeichen einer in Positivismus einmündenden Aufklärung dargestellt hat.[11] Dieser pathologischen Besorgtheit um den Schutz unserer physischen Integrität steht eine weitgehende Unempfindlichkelt für die moralische Integrität des Menschen gegenüber, die keines Preises wert scheint, sondern im Gegenteil vom positivistisch gewordenen Aufklärer als Heuchelei oder Unsinn verspottet wird. Aber das ist im Grunde die Negation des Menschen als Menschen, die Negation der Freiheit und der Menschenwürde. Damit werden wir auf Dauer nicht überleben, schon gar nicht anderen wirksam helfen können.

Natürlich gibt es einsichtige Gründe für die Rückstufung des Moralischen ins Private: die Furcht vor Gewissenszwang, vor staatlicher Gängelung, vor weltanschaulicher Intoleranz. Aber diese Befürchtungen sind nur deshalb wesentliche Prinzipien für einen Gesetzgeber, weil ihnen selbst ein positiver moralischer Wert innewohnt: die Anerkennung des Gewissens und seines eigenen Rechtes, die Anerkennung der Grenzen staatlicher Verfügungsgewalt usw. Insofern ist darin ein Stück Moral zu öffentlicher Ordnung gemacht, und die

[11] ebd. S. 13, Staudinger 201.

moralisch-religiöse Enthaltsamkeit des Staates bereits durchbrochen. Warum aber können wir eigentlich nur noch diesen Grenzsetzungen öffentliche Verbindlichkeit beimessen? Sie sind wichtig, aber sie sind nicht das Ganze dessen, was eine Gesellschaft zum Überleben braucht. Bei aller christlichen Selbstkritik, die seit der Aufklärung immer brennender und radikaler geworden ist, sollten wir auch wieder zu einem Bewußtsein der großen moralischen Tradition des Christentums zurückfinden, sozusagen den vor- oder metadogmatischen Kern seiner moralischen Konstanten wieder wagen, als unsere geistige Identität anzuerkennen, von der her wir leben können - wie dies im Grundgesetz von 1949 noch vorausgesetzt war. Wenn wir nicht ein Stück unserer christlichen Identität wiederfinden, werden wir die Herausforderung dieser Stunde nicht bestehen können.

b) Die Kirche

Was aber soll die Kirche oder sollen die Kirchen in diesem Zusammenhang tun? Ich würde antworten: Sie sollten zunächst einmal wirklich sie selber sein. Sie dürfen sich nicht zu einem bloßen Mittel der Moralisierung der Gesellschaft degradieren lassen, wie der liberale Staat es wünschte; noch weniger sich durch die Nützlichkeit ihrer Sozialwerke rechtfertigen wollen. Je mehr Kirche nur noch das direkt anzielt, was in ihr sozusagen ein von „selbst Hinzugegebenes" sein sollte, desto mehr wird sie auch darin versagen. Bezeichnend dafür ist, daß in der Kirche heute, je mehr sie sich vor allem als Institut sozialen Fortschrittes versteht, desto mehr die sozialen Berufungen, die Berufe des Dienens für Alte, Kranke, Kinder usw. austrocknen, die so sehr in Blüte standen, als der Blick noch wesentlich auf Gott gerichtet war. Das Wort Jesu „Sucht zuerst das Reich Gottes und seine Gerechtigkeit, alles andere wird euch dazu gegeben" (Mt 6, 33) bewahrheitet sich hier sozusagen rein empirisch. Horkheimer und Adorno haben mit der Scharfsicht des Außenstehenden den Versuch von Theologen angeprangert, sich am Glaubenskern vorbeizustehlen, Dreieinigkeit und Jenseits wie die Erzählungen der Bibel unanstößig zu machen, indem sie ins Symbolische zurückgestuft werden. Wenn Theologen - so sagen sie - das Dogma einklammern, ist die Geltung ihrer Rede nichtig; sie beugen sich jener „Furcht vor der Wahrheit", in der die geistige Verflachung der Gegenwart wurzelt.[12] Nein, so kann man die Kirche nicht retten. Sie muß zunächst entschieden ihr Eigenes tun; dem Auftrag genügen, in dem ihre Identität gründet: Gott bekanntmachen und sein Reich verkündigen. Gerade so und nur so entsteht der seelische Raum, in dem das Moralische seine Existenz zurückgewinnt, weit über den Kreis der Glaubenden hinaus.

Ihre Verantwortung für die Gesellschaft muß die Kirche des ungeachtet auf vielfältige Weise wahrnehmen, nicht zuletzt dadurch, daß sie sich verständlich zu machen versucht; daß sie das Göttliche und das daraus folgende Moralische einsichtig werden läßt. Sie muß überzeugen, denn nur, indem sie Überzeugung schafft, öffnet sie den Raum für das, was ihr übergeben ist, und immer nur auf dem Weg der Freiheit, das heißt über Verstand, Wille und Gefühl zugänglich werden kann. Die Kirche muß leidensbereit sein, nicht durch Macht, sondern durch den Geist, nicht durch institutionelle Stärke, sondern durch Zeugnis, durch Liebe, Leben, Leiden dem Göttlichen den Raum bereiten und so der Gesellschaft helfen, ihre moralische Identität zu finden.

Goethe hat einmal den Kampf zwischen Glaube und Unglaube als das große Thema der Weltgeschichte bezeichnet. Er griff damit zurück auf die Geschichtsphilosophie Augustins, der es freilich anders ausgedrückt hatte. Augustin sieht in der Weltgeschichte den Kampf von zweierlei Liebe, der Selbstliebe bis zur Gottesverachtung und der Gottesliebe bis zur Selbstverachtung. Heute könnten wir dasselbe vielleicht noch

[12] Kritik an der Theologie, z. B. Th. W. Adorno, Stichworte (edition suhrkamp 347) 25 (Staudinger 203 mit weiteren Belegen); „Furcht vor der Wahrheit": Dialektik der Aufklärung, 3 (Staudinger 201).

einmal etwas anders formulieren: Die Geschichte ist gezeichnet durch die Auseinandersetzung zwischen Liebe und der Unfähigkeit zu lieben, jener Verödung der Seelen, die eintritt, wo der Mensch nur noch die quantifizierbaren Werte überhaupt als Werte und als Wirklichkeiten anzuerkennen vermag. Die Liebesfähigkeit, das heißt die Fähigkeit, auf das Unverfügbare in Geduld zu warten und sich von ihm beschenken zu lassen, wird erstickt durch die schnellen Erfüllungen, in denen ich auf niemanden angewiesen bin, aber auch nie aus mir heraustreten muß und darum auch nie in mich hineinfinde. Diese Zerstörung der Liebesfähigkeit gebiert die tödliche Langeweile. Sie ist die Vergiftung des Menschen.[13] Würde sie sich durchsetzen, so würde der Mensch und mit ihm auch die Welt zerstört. In diesem Drama sollten wir nicht zögern, uns der Allmacht des Quantitativen entgegenzustellen und uns auf die Seite der Liebe zu schlagen. Das ist der Entscheid, den diese Stunde von uns fordert.

[13] Vgl. T. Goritschewa, Von Gott zu reden ist gefährlich. (Freiburg 1984) 21, bei der Beschreibung ihrer geistigen Lage vor der Bekehrung: „Klüger zu sein als die anderen, fähiger, stärker - das war mein Ziel. Nie jedoch hatte mir jemand gesagt, daß das Höchste nicht darin liegt, die anderen einzuholen und zu besiegen, sondern zu lieben.“ Dichterisch ist die Antithese sehr schön gestaltet in M. Endes Märchen-Roman Momo (Stuttgart 1973). Ich denke an die Szene, wo einer der grauen Herren Momo das ganze Arsenal technisch perfekter Puppen anbietet und auf den Einwand „Ich glaub'... man kann sie nicht liebhaben“ antwortet: „Das einzige... worauf es im Leben ankommt, ist , daß man es zu etwas bringt, daß man was wird, daß man was hat. Wer es weiter bringt, wer mehr wird und mehr hat als die anderen, dem fällt alles übrige ganz von selbst zu: Freundschaft, Liebe, Ehre und so weiter...“ (93f.). Dazu die andere Szene, in der Meister Hora, der geheimnisvolle Verwalter der Zeit, von der toten Menschenzeit spricht, deren Qualmglocke krank macht. „Am Anfang merkt man noch nicht viel davon. Man hat eines Tages keine Lust mehr, irgend etwas zu tun. Nichts interessiert, man ödet sich... Man wird ganz gleichgültig und grau... Es gibt keinen Zorn mehr und keine Begeisterung, man kann sich nicht mehr freuen und nicht mehr trauern... Dann ist es kalt geworden, und man kann nichts und niemand mehr lieb haben... Diese Krankheit heißt: Die tödliche Langeweile.“

Nachweis der Erstveröffentlichung

Abbruch und Aufbruch. Die Antwort des Glaubens auf die Krise der Werte. Eichstätter Hochschulreden 61 (München 1988). Italienisch Padova 1988. Auch in spanischen und italienischen Zeitungen nachgedruckt.

Der Auftrag der Religion angesichts der gegenwärtigen Krise von Friede und Gerechtigkeit, in: Internat. kath. Zeitschr. 18 (1989) 113-122; Communio America XVI 4 (1989) 540-551; Communio Chile VII (1990) 5-13; ferner in Beyerhaus-Padberg, Der konziliare Prozeß (1990) 124-136.

Glaube und soziale Verantwortung. Bisher unveröffentlicht.

Wege des Glaubens im Umbruch der Gegenwart. In deutscher Sprache bisher unveröffentlicht. Italienisch in: Il nuovo Areopago 9 (1990) 7-24; als Broschüre Parma 1990. Spanisch in: Communio Chile VII (1990) 79-90; erweiterte spanische Fassung in: Catolicismo y Cultura (hg. von der Spanischen Bischofskonferenz Madrid 1990) 89-115.

Europa - Hoffnungen und Gefahren. Sonderdruck Speyer 1990.

Wendezeit für Europa? Veröffentlicht in: Deutsche Tagespost; Die Presse (Wien); KNA ökumenische Information Nr. 14/15, (1991) 5-16.